AF412458

ERIK NIEDLING

FORMATION

ERIK NIEDLING
FORMATION

Mit Texten von / With contributions by
Bernd Stiegler & Ingo Niermann

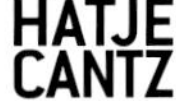

INHALT / CONTENTS

NEUE BILDER FÜR DIE ALTE ZEREMONIE

Bernd Stiegler

»Es ist viel besser, wenn viele Bilder dem Betrachter [...] eine Weile ganz fremd vorkommen.«
Ernst Fuhrmann[1]

1 Es gehört zu den eigentümlichen Paradoxien der Fotografiegeschichte, dass die Ästhetik der Oberfläche, mit der die Fotografie der Neuen Sachlichkeit bekannt wurde, mit Stacheln begann – genauer mit Kakteenstacheln. Auch wenn diese Ästhetik der Oberfläche nicht selten als glatt, kühl oder gar als Verklärung der Ding- und Warenwelt apostrophiert wird, so zeigt sie sich am Anfang vielmehr stachlig, widerständig, abweisend, natürlich und doch formal perfekt – und gerade das macht ihre ästhetische Faszination aus.

Pflanzen zählen seit den Anfängen der Fotografie zu ihren bevorzugten Gegenständen, erscheinen als Motive bereits in der Frühzeit, wie etwa die Aufnahmen in William Henry Fox Talbots *Zeichenstift der Natur* oder die umfassenden fotografischen Archivierungsarbeiten Anna Atkins’ in den 1840er-Jahren zeigen, finden dann aber vor allem als Gegenstand von Stillleben Verwendung. Dies ändert sich erst um die Jahrhundertwende, als fotografische florale Vorlagen in bildender Kunst und Architektur (man denke an die floralen Ornamente des Jugendstils und des Art nouveau) breite Verwendung finden. Aus dieser Tradition stammt letztlich auch Karl Blossfeldt, der mit seinem Buch *Urformen der Kunst* 1928 einen Klassiker der neusachlichen Fotografie vorlegte. Auch wenn Blossfeldt noch den Kreuzungspunkt höchst unterschiedlicher Traditionslinien darstellt, die vom Monismus eines Haeckel und der Biosophie eines Fuhrmann über die eigentümliche biologische Theorie eines K. H. Francé bis hin zur klassischen Dokumentationsfotografie für den Künstlerbedarf und die Kunstausbildung reichen, stellten seine Pflanzenaufnahmen die Weichen für eine neue Form der Betrachtung eines klassischen Gegenstands – und so wurden sie auch rezipiert: Walter Benjamin etwa widmete Blossfeldt eine wichtige Rezension und räumte ihm eine Scharnierstellung in seiner *Kleinen Geschichte der Photographie* ein, Georges Bataille publizierte in seiner Zeitschrift *Documents* seinen Aufsatz »Le langage des fleurs« mit Aufnahmen Blossfeldts, der Surrealismus rezipierte sie begeistert, und selbst populäre Zeitschriften wie *Uhu* griffen auf die Bilder zurück. Dort findet sich in dem Artikel »Grüne Archi-

tektur« die Gegenüberstellung der Aufnahme eines Schachtelhalmes mit Architekturaufnahmen, die in ähnlicher Form in späteren architekturhistorischen und -theoretischen Werken variiert wurde. Viele weitere Beispiele wären anzuführen, rückt doch die Pflanzenfotografie für einen kurzen Zeitraum in den Fokus der Aufmerksamkeit und nimmt eine programmatische Scharnierstellung zwischen Kunst, Technik und Form ein. *Form follows function:* Diese Positionsbestimmung der Moderne findet sich bei den Pflanzen in exemplarischer Weise bereits umgesetzt.

Pflanzenaufnahmen hatten eine besondere Bedeutung und eine ungewöhnliche Programmatik, ging es doch um nichts Geringeres als um Grundformen der Natur und der Kultur, darum, wie Karl Nierendorf im Vorwort zu Blossfeldts *Urformen der Kunst* schrieb, »den tieferen Sinn unserer Gegenwart zu erfassen, der auf allen Gebieten des Lebens, der Kunst, der Technik zur Erkenntnis und Verwirklichung einer neuen Einheit strebt«.[2] Die Pflanze wird zur Urform und die Fotografie, die sie dokumentiert, zum Universalmedium.

Während in Blossfeldts neusachlich-fotografischem *Florilegium* Kakteen nur eine vergleichsweise marginale Rolle einnehmen, rücken sie bei Albert Renger-Patzsch, der zweiten großen Gestalt der neusachlichen Fotografie, in den Mittelpunkt seiner Arbeit. Auch hier finden wir eine programmatische Verbindung von Pflanzenaufnahmen und einer formalen Neubestimmung der Kunst in der Moderne. So schreibt etwa Carl Georg Heise in seiner Einleitung zu Albert Renger-Patzschs epochalem Bildband *Die Welt ist schön*: »Der Photograph löst aus der Vielheit der Erscheinungen das charakteristische Teilstück, unterstreicht das Wesentliche, läßt weg, was zum Schweifen ins Vielgestaltige verführt. Er hält den betrachtenden Blick fest gebannt auf die seltsamen Schönheiten organischen Wachstums. Er macht anschaulich, was der Wissenschaftler nur umschreiben kann. Er zeigt den Reiz des Stofflichen: etwa den matten Glanz der Traubenhaut oder die zarten Härchen am Blütenkelch der Echynopsis cupreata, die Schönheit der Farbe: man spürt die etwas aufdringliche Leuchtkraft der Dahlie, die sich im bunten Herbst behaupten muß, die Ausdrucksgewalt einzelner Formen: wie ein gezackter Blitz durchschneidet die Euphorbia grandicornis die dunkle Bildfläche.«[3] Die Aufnahme der Euphorbia grandicornis, einer Kakteenart, von der hier die Rede ist, gehört zu den berühmtesten Fotografien von Albert Renger-Patzsch. Sie ist abgebildet in *Die Welt ist schön* und somit Teil eines regelrechten ästhetischen Programms, entstand aber im Zusammenhang einer umfassenden Dokumentation von Pflanzen und hier insbesondere von Kakteen für den Folkwang-Auriga-Verlag. Von 1922 bis 1925 fertigte Renger-Patzsch Hunderte von Aufnahmen als Auftragsarbeiten an.[4] Zwischen 1924 und 1931 erschienen vier Bände der Reihe *Die Welt der Pflanze*, bei denen eine Präferenz für die stachlige Welt der Flora ins Auge fällt: *Orchideen* (1924), *Crassula* (1924), *Kakteen* (1930) und *Euphorbien* (1931). Die beiden letzten Bände dieser Reihe stammen bereits, wie schon der Umschlag zeigt (Abb. 1), explizit aus der Dunkelkammer von Walther Haage – wie auch diejenigen Aufnahmen, die Ausgangspunkt und materiale Grundlage dieser Serie von Erik Niedling sind. Walther Haage setzt somit eine Reihe fort, für die Renger-Patzsch und andere maßgebliche Beiträge beigesteuert hatten. Federführend war dabei die schillernde Figur Ernst Fuhrmann, der 1930 eine Auswahl der Aufnahmen des Folkwang-Auriga-Archivs in einem Band mit dem Titel *Die Pflanze als Lebewesen* herausgab. Die Einleitung zu diesem Band – »Überblick« genannt – versucht auf wenigen, etwas enigmatisch knappen Seiten, den Unterschied zwischen Flora und Fauna und letztlich auch jenen zwischen Tier- bzw. Pflanzen- und Menschenwelt einzuebnen. In der »außerordentlichen Welt der Erscheinungen« kann, so Fuhrmann, derjenige, der über die »kleine Fähigkeit zur Abstraktion« verfügt, sehen und erkennen, dass »Tier und Pflanze in fortgesetzten Wechselbeziehungen miteinander stehen« und sogar in der vermeintlich banalen Erscheinung eines Blattes ein regelrechtes »staatsbildendes Individuum an der Pflanze« auszumachen ist. Diese Beobachtung ist Fuhrmann so wichtig, dass er sie wiederholt: »Die Pflanze ist ein Staat. Ihre Einzelwesen haben ganz verschiedene Aufgaben zu erledigen. Die einen wirken im Boden, die anderen im Stamm und in der Rinde, wieder andere kommen zur Entfaltung und einige müssen eine dauernde Leistung vollbringen, wie eben die Ranken, Kletterfüße usw.« Hinter den Pflanzenaufnahmen steht ein klares ästhetisch-weltanschauliches Programm, das in den Pflanzen visuelle Abbreviaturen für komplexe kulturelle Deutungsversuche ausmacht. Die Pflanze ist eine Welt im Kleinen und die Fotografien zeigen im »Reiz der Struktur« eben jene gesuchten und gefundenen selbstverständlichen Strukturen auf, die in der Lebenswelt längst nicht mehr selbstverständlich sind: »Die Formenschönheit der Pflanze haben wir bei unseren Aufnahmen als das Selbstverständliche, endlos Variable, aber immer Vollendete gefunden.«[5] *Die Welt der Pflanze* ist in vieler Hinsicht unsere Welt, und so sollten die Fotografien auch gelesen werden: nicht nur als Urformen der Kunst, sondern als Urformen der Natur *und* der Kultur, der Flora, Fauna und auch der Technik und Kunst.

Der neusachliche Fotograf Albert Renger-Patzsch war hier sachlich-zurückhaltender, aber gleichwohl nicht weniger enthusiastisch. Seine Begeisterung für Pflanzen- und gerade für Kakteenaufnahmen zeigt sich nicht nur darin, dass er einige Texte über genau dieses Thema publiziert hat,[6] sondern auch in dem verhalten programmatischen Zug der Bilder, der Technik und Wahrnehmung miteinander verzahnt. »Der Eindruck gesammelter vegetativer Kraft, wie wir ihn in den meisten Formen der Kakteen finden, ist schon einmal eine Platte wert«, heißt es lakonisch in seinem Beitrag *Kakteen-Aufnahmen* für die Zeitschrift *Photographie für alle*. Und in seinem Aufsatz über das »Photographieren von Blüten« stellt er einen besonderen Bezug zur Wahrnehmung des Gegenstands her: »Das Reizvolle« bei der Fotografie von Pflanzen bestehe darin, dass man »gezwungen ist, sich auf den mehr oder weniger kleinen Organismus, den eine Blüte darstellt, mit dem Auge einzustellen, daß man sozusagen gezwungen ist, mit dem Auge der Insekten zu sehen und ihre Welt einmal zu der unseren zu machen.«[7]

Die Aufnahmen von Pflanzen im Allgemeinen und von Kakteen im Besonderen nehmen in der Fotografie und der Kunst der Moderne keineswegs eine marginale Stellung ein: Hier zeigt sich nicht nur *en detail* eine Revolution der Wahrnehmung, ein »Neues Sehen«, sondern auch ein ästhetisch-kulturtheoretisches Programm. Die Pflanzen- und Kakteenaufnahmen setzen eine alte Zeremonie fort: jene einer Versöhnung von Kultur und Natur durch die Kunst.

2 Erik Niedlings Arbeit *Formation* ist eine besondere Form der Wiederholung: Sie holt die Tradition wieder, wiederholt die Tradition, verwandelt aber diese Rekonstruktion durch ein subtiles Arrangement in ihre Dekonstruktion. Die Wiederholung der Bilder schreibt durch die Arbeit an und mit den Bildern eine Differenz in das nur vermeintlich identische Material ein. Fast unter der Hand, durch die Arbeit im Atelier, verwandeln sich Negative in Positive, die so aussehen, als seien sie Negative, und denen man noch die ursprünglichen Eingriffe, die Retuschen, die Korrekturen ansieht – und die nicht zuletzt zu leuchten scheinen, obwohl sie doch aus dem Dunkel kommen. Die Funktion der Vergrößerung der Pflanzenaufnahmen, die in der neusachlichen Fotografie eine zentrale Rolle spielte, wird hier durch diese Umkehrung des Negativs übernommen. Sie erzeugt jene neue Perspektive, die das vermeintlich Bekannte verfremdet, verwandelt und transformiert. Erik Niedling schafft so Bilder, die die Ambivalenz des neusachlichen Bildprogramms visuell umsetzen und doch dem sachlich-nüchternen Ansatz der verwendeten Fotografien treu bleiben. Er erzeugt eine visuelle Kippfigur, die zur Unentscheidbarkeit der Frage führt, ob es sich nun um Positive oder Negative, um Dokumente oder Kunstwerke, um historisches Material oder seine künstlerische Neugestaltung handelt. Es handelt sich eben zugleich um Positive *und* Negative, um Dokumente *und* Kunstwerke, um historisches Material *und* seine Neugestaltung. Neue Bilder für die alte Zeremonie, die so nicht länger die alte bleibt.

Erik Niedlings *Formation* wiederholt die Fotografiegeschichte als Kulturgeschichte und die Kulturgeschichte als Fotografiegeschichte. Den Ausgangspunkt bildet dabei die Kakteen*kultur* oder genauer deren fotografische Dokumentation, die sich ihrerseits in die komplexe Geschichte der Entdeckung der Kakteen als privilegiertem Gegenstand der neusachlichen Fotografie und ihres kulturellen Programms einschreibt: komplexe Kulturgeschichte(n). Es geht also in mehrfacher Hinsicht um eine dezidierte Kulturgeschichte und, wie wir gesehen haben, immer auch um große Einsätze, ja um eine regelrechte Revolution der Wahrnehmungs- und Denkungsart.

Diese subtile Wiederholung einer Kulturgeschichte als Fotografiegeschichte verdankt sich einer besonderen Entdeckung oder, genauer gesagt, verschiedenen Entdeckungen. Alles begann mit dem Aufspüren eines Bandes der Reihe *Die Welt der Pflanze* in der Bibliothek des Angermuseums in Erfurt, in dem sich auch Aufnahmen des Erfurter Fotografen und Gärtnereibesitzers Walther Haage finden. Da die Gärtnerei noch heute existiert, machte sich Erik Niedling auf den Weg und fand heraus, dass es auf dem Dachboden des Wohnhauses noch einen verschlossenen Raum, eine *Camera obscura* gibt, in dem fotografische Aufnahmen versteckt wurden, um sie vor einem späteren Zugriff zu schützen. Der verschlossene Raum wurde geöffnet, ans Licht gebracht, und zu Tage kam ein großer Holzschrank mit Tausenden von Glasnegativen aus dem Besitz Walther Haages, die die Arbeit an der eigenen Pflanzenkultur dokumentieren und die zum Teil wohl auch für Werbe- und andere Publikationszwecke genutzt wurden. Diese Negative bilden das Basismaterial der fotografischen Arbeit Erik Niedlings, der seinerseits monatelang die Platten archivierte, sicherte, studierte, reproduzierte, arrangierte, gruppierte, um dann eine von ihm getroffene Auswahl in neue großformatige Abzüge zu verwandeln.

Diese fotografische Metamorphose der fotografischen Platten bringt in wundersamer Weise auch eine Metamorphose der Gegenstände mit sich. Die physische Reproduktion der originalen Negativglasplatten verwandelt das Material auch und gerade deshalb, weil Erik Niedling der Vorgabe der nüchternen Sachlichkeit treu bleibt. Er wiederholt ein weiteres Mal jene Verwandlung, die bereits die Fotografen der Zwischenkriegszeit angestrebt hatten, und macht so die Formsprache der Fotografien als Programm lesbar – und das mitunter im Wortsinn: Scheren, Messer, Klingen und Gartengeräte verweisen nicht nur auf die Kakteenkultur, sondern auch auf die kulturelle Codierung der Fotografie, die immer ein Verfahren des (Aus-)Schneidens, des Cuts, der Zäsur ist. Die Arbeit an den Kakteen wird zugleich als metaphorische, aber auch höchst konkrete Arbeit an und mit der Fotografie lesbar. Das gilt ebenso für die serielle Anordnung von Kakteen, Tontöpfen und Pflanzschälchen, der eine serielle Anordnung der Fotografien entspricht, oder für die Archivwand, in der Samen und Proben verwahrt werden (und in der auch fotografische Archive ihren Ort hätten finden können und vielleicht sogar gefunden haben), und nicht zuletzt für den dosierten Einsatz des Lichts, ohne den keine Kakteenkultur und auch keine Fotografie gelingen kann. Gleiches wiederholt sich auf der Ebene der Bilder: Die Manipulation – hier im Wortsinn verstanden – der Kakteen wird ihrerseits verdoppelt durch die Manipulation der Negativplatten, die auf den vergrößerten Abzügen der C-Prints in mitunter irritierender Weise erkennbar wird und so die alte Frage der Objektivität der Fotografie aufnimmt, zugleich aber die Fotografie *als* Reproduktion, als Verfahren der Manipulation ausweist. »Wetterfest« – so steht auf einem Stift zu lesen, der die Größenordung der Klingen erkennbar machen soll, hier aber zum Leuchtstift wird, indem er unterstreicht, was die Bilder zu sehen geben –, denn »wetterfest« ist nicht das, was »Johann Faber«, sondern der *Homo Faber* erzeugt: Bilder über Bilder, Reflexionsbilder, die komplexe Kulturgeschichten lesbar machen.

Erik Niedling gelingt dabei etwas Wunderbares und zugleich höchst Befremdliches: Er treibt aus den neusachlichen Fotografien ihr ästhetisch-epistemologisches Programm heraus und belässt sie doch in einem eigentümlichen Zwielicht – im gespenstisch schönen und dunkel leuchtenden Licht der Fotografie. Und in diesem Licht beginnt auch unsere Kulturgeschichte neu zu leuchten.

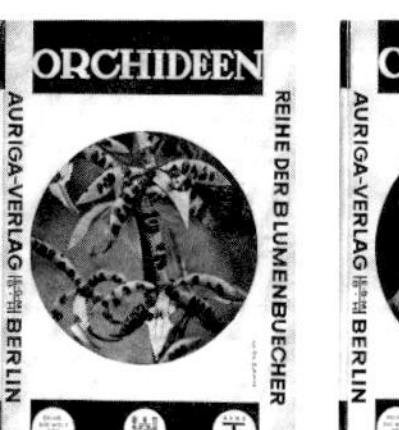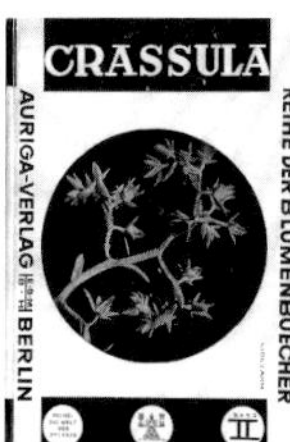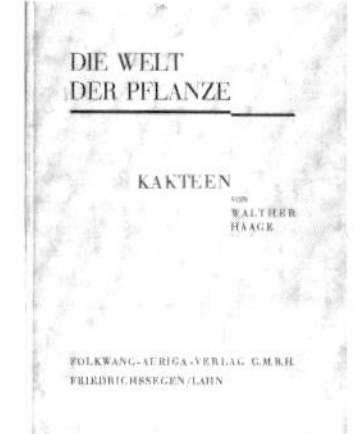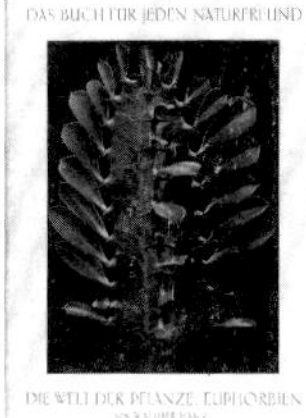

Abb. 1

Die Abbildung stammt aus: Rainer Stamm, *Die Welt der Pflanze, Photographien von Albert Renger-Patzsch und aus dem Auriga-Verlag*, Ostfildern-Ruit 1998, S. 16.

ANMERKUNGEN

1 Ernst Fuhrmann, »Überblick«, in: ders. (Hrsg.), *Die Welt der Pflanze*, Frankfurt am Main 1931.

2 Karl Nierendorf, »Einleitung«, in: Karl Blossfeldt, *Urformen der Kunst*, Berlin 1928, S. IX.

3 Carl Georg Heise, »Einleitung«, in: Albert Renger-Patzsch, *Die Welt ist schön*, München 1928, S. 7 f.

4 Eine umfassende und detaillierte Dokumentation der Aufnahmen von Renger-Patzsch findet sich in: Rainer Stamm, *Die Welt der Pflanze. Photographien von Albert Renger-Patzsch und aus dem Auriga-Verlag*, Ostfildern-Ruit 1998.

5 Eine Darstellung dieses Programms unternimmt gleich in mehreren Publikationen Gert Mattenklott: »Karl Bloßfeldt. Fotografischer Naturalismus um 1900 und 1930«, in: Karl Blossfeldt, *Urformen der Kunst – Wundergarten der Natur. Das fotografische Werk in einem Band*, München u. a. 1994, S. 7–64. Zu Fuhrmann: »Nachwort«, in: Ernst Fuhrmann, *Was die Erde will: eine Biosophie*, München 1986, S. 237–255; sowie »Vorwort«, in: Ernst Fuhrmann, *Neue Wege*, Bd. 10, Hamburg 1983, S. I–IX.

6 Albert Renger-Patzsch, »Pflanzenaufnahmen«, in: *Deutscher Camera Almanach*, Bd. 14, 1923, S. 49–53; ders., »Das Photographieren von Blüten«, in: *Deutscher Camera Almanach*, Bd. 15, 1924, S. 104–112; ders., »Kakteen-Aufnahmen«, in: *Photographie für alle*, Nr. 6, 1926, S. 83–86; ders., »Photographische Studien im Pflanzenreich«, in: *Deutscher Camera Almanach*, Bd. 17, 1926, S. 137–141; ders., »Pflanzenaufnahmen im Winter«, in: *Camera*, Januar 1927, S. 186 f.

7 Renger-Patzsch 1924 (siehe Anm. 6), S. 105.

NEW IMAGES FOR AN OLD CEREMONY

Bernd Stiegler

"It is much better, when many images appear strange to the viewer for a time …"

Ernst Fuhrmann[1]

1 It is among the peculiar paradoxes of photographic history that the aesthetic of external appearances, for which the photography of the Neue Sachlichkeit (New Objectivity) became known, started out with barbs—more precisely with cactus barbs. Even if this aesthetic was often exclaimed as sleek, cool, or even as a transfiguration of the world of things and goods, at the beginning, it seemed to be much more thorny, resistant, abrasive, natural, and yet formally perfect—and precisely that was its aesthetic fascination.

Plants have been among the preferred objects of photography from the very start, appearing as subjects since the earliest times, as in the photographs in William Henry Fox Talbot's *The Pencil of Nature*, or the comprehensive photographic archival works of Anna Atkins in the eighteen-forties, but since then are mainly being used as objects of still life photography. This doesn't change until about the turn of the century, when photographic floral patterns come into wide use in fine arts and architecture (think of the floral ornaments of the Jugendstil and Art Nouveau). Karl Blossfeldt, who, ultimately, also stems from this tradition, presented a classic work of Neue Sachlichkeit photography in 1928 with his book, *Urformen der Kunst*. Even when Blossfeldt still represents the crossover point of very different lines of tradition that range from the monism of a Haeckel and the biosophy of a Fuhrmann, to the peculiar biological theory of a K. H. Francé, and classical photographic documentation for artistic use and art education, his photographs of plants set the course for a new way of observing a classical object. And they were reviewed as such: Walter Benjamin, for instance, devoted an important review to Blossfeldt as a turning point in photography in his work *Kleine Geschichte der Photographie*. Georges Bataille published an essay, "Le langage des fleurs," in his magazine *Documents* with Blossfeldt's photographs. Surrealists reviewed them with enthusiasm and even popular magazines, such as *Uhu*, referred to the images. There in the article, "Grüne Architektur," a photograph of a horsetail was compared with architectural photographs. This was also shown in a similar fashion in a variety of forms in historical and theoretical architectural works. Many further examples could be mentioned. Plant photography did move into the focus of attention for a short period of time and acted as a programmatic determining factor between art, technology, and form. *Form follows function:* this defined position of modernity is already found implemented by plants in an exemplary manner.

Images of plants held a special meaning and an unusual objective; it was about nothing less than the basic forms of nature and of culture. As Karl Nierendorf wrote in the foreword of Blossfeldt's *Urformen*, it is about "grasping the deeper meaning of our times which in all areas of life, art and technology strives towards recognition and realization of a new unity."[2] Plants become the archetype and the photography that documents it, a universal medium.

While cacti play a comparatively marginal role in Blossfeldt's Neue Sachlichkeit photographic *Florilegium*, they move into the spotlight of Albert Renger-Patzsch's work, the second important figure of Neue Sachlichkeit photography. Here, as well, we find a programmatic connection of images of plants and a formal new definition of modern art. As Carl Georg Heise wrote in his introduction to Albert Renger-Patzsch's epochal illustrated book, *Die Welt ist schön:*

"The photograph releases the characteristic section out of the multiplicity of guises, underlines the essential, omits that which seduces into digression. It holds the observing gaze firmly spellbound on the strangely beautiful organic growth. It clarifies what the scientist can only describe. It shows the appeal of the substantial: as in the matt glaze of grape skin or the delicate hair on the calyx of the *echynopsis cupreata*. The beauty of color: one can feel the somewhat intrusive brilliancy of the dahlia, that must assert itself in the colorful autumn, the forceful expressiveness of individual forms: the *euphorbia grandi-cornis* cuts through the dark surface like a jagged flash."[3]

The photograph of the *euphorbia grandicornis*, a type of cactus discussed here, is among the most famous of Albert Renger-Patzsch's photographs. It is reproduced in *Die Welt ist schön,* and is thus part of a proper aesthetical program, but originated in connection with a comprehensive documentation of plants and here, specifically, of cacti for the Folkwang/Auriga publishing house. From 1922 to 1925 Renger-Patzsch produced hundreds of images for contracted freelance work.[4] Between 1924 and 1931, four volumes of the series *Die Welt der Pflanze* were published in which a preference for the prickly flora world was striking: *Orchideen* (1924), *Crassula* (1924), *Kakteen* (1930), and *Euphorbien* (1931). The last two volumes of this series stem explicitly, as the cover already shows (fig. 1), from the darkroom of Walther Haage—as well as those images that are the starting point and material basis of this series from Erik Niedling. Hence, Walther Haage continues a series, to which Renger-Patzsch and others made significant contributions. Here, the leader was the dazzling figure of Ernst Fuhrmann, who in 1931 published a selection of photographs from the Folkwang/Auriga archives in a volume titled *Die Pflanze als Lebewesen.* The introduction of this volume, called "Überblick," tries to describe in a few, somewhat enigmatic short pages, the difference between flora and fauna, plants and animals, and ultimately also the difference between them and the world of humans. In the "extraordinary world of appearances," so Fuhrmann, those that possess "the small ability for abstraction" can perceive and recognize that "animals and plants are in a continual interaction with each other" and even in the assumed trivial appearance of a leaf, a downright "state building individual of the plant" can be determined. This observation is so important to Fuhrmann that he repeats it: "A plant is a state. Its individuals have totally different duties to fulfill. Some operate in the ground, others are effective in the stem and bark and again

others evolve, while some have to perform a continual service, such as the tendrils, etc." Behind the photography of plants is a proper aesthetic-philosophical program that finds visual abbreviations of complex cultural attempts at meaning in plants. The plant is a miniature world and the photographs show in the "appeal of the composition" just those sought and found self-evident structures, that in the world of everyday life are no longer taken for granted: "In our photographs, we have found the beautiful forms of plants to be self-evident, endlessly variable, yet always perfect."[5] *Die Welt der Pflanze* is in many ways our world and the photographs should be seen as such—not only as an archetype of art, but also as an archetype of nature *and* culture, flora, fauna, and also technology and art.

The Neue Sachlichkeit photographer, Albert Renger-Patzsch, was more reserved, but nevertheless enthusiastic. His elation for plants and especially for images of cacti can not only be seen by the fact that he published several texts on exactly this topic,[6] but also by their restrained programmatic trait, that interlocks technology and perception. "The impression of a collective vegetal force that is found in most forms of cacti, is in itself worth a plate," as it says laconically in his article "Kakteen-Aufnahmen," for the magazine *Photographie für alle.* And in his essay on the "Photographieren von Blüten," he establishes a special reference to the perception of an object: "The charm" in the photography of plants consists of the fact that one is "forced to adjust one's eyes to the more or less small organism that constitutes a flower, that one is forced to see with the eyes of an insect and, for once, to make their world ours."[7]

The photography of plants in general, and especially of cacti, holds a special place in photography and modern art: here not only a revolution of perception is shown *en detail*, a "new way of seeing," but also a proper aesthetic-cultural theoretical program. The plant and cacti images sustain an old ceremony: that of a reconciliation of culture and nature through art.

2 Erik Niedling's work, *Formation*, is a special form of repetition: it brings back tradition and repeats tradition, but transforms this reconstruction through a subtle arrangement in its deconstruction. The recurrence of the images throughout the work registers a difference in and with the images—in the only assumed identical material. In the studio, almost secretly, negatives are transformed into positives that only look as if they are negatives. The original manipulations, the retouching, and the corrections, are still visible—and last but not least, they appear to shine, although they come out of the darkness. The function of the enlargement of the plant images that played a central role in the photography of the Neue Sachlichkeit is taken over here through this transposition of the negative. It produces a new perspective that alienates the seemingly familiar, morphs, and transforms. In this way, Erik Niedling creates images that visually transcribe the ambivalence of the Neue Sachlichkeit's visual program and still remain loyal to the factual unemotional approach of the photographs used. He generates a visual tilt that leads to the unanswerable question, what is it about now: about positive or negative, documents or works of art, historical material or his artistic recreations. At the same time, that is precisely what it is about: positive *and* negative, documents *and* works of art, historical material *and* its recreation. New images for an old ceremony, that is no longer the same.

Erik Niedling's *Formation* repeats photographic history as cultural history and cultural history as photographic history. The starting point is generated by the cactus *culture*, together with its most important characteristic, or to be more exact, that of its photographic documentation, which for its part registers the complex history of the discovery of the cactus as a privileged object of the photography of the Neue Sachlichkeit and its cultural program: complex cultural history (and histories). In many ways, it is about a determined cultural history and, as we have seen, the stakes are always high: yes, a downright revolution of the nature of perception and thought.

This subtle repetition of a cultural history as photographic history is due to a certain discovery, or better yet, several discoveries. Everything began when a volume from the series, *Die Welt der Pflanze* was tracked down in the library of the Angermuseum in Erfurt, in which the photographs of the Erfurt-based photographer and nursery owner, Walther Haage were printed. The garden center still exists today, and when Erik Niedling went there he discovered something of a *camera obscura,* a dark room in the attic of the apartment house where photographs were hidden to protect them from later access. The locked room was opened and a large wooden box was brought to light containing hundreds of negatives from Walther Haages' estate that documented the work of his own cactus culture, and that were probably also used for advertising and publication purposes. These negatives constitute the material for the photographic works of Erik Niedling, who, for his part, spent weeks archiving, securing, studying, printing, arranging, grouping, and spreading out the plates to then transform several of them into new large-format prints.

This photographic metamorphosis of the photographic plates also brought about—in a wondrous way—the metamorphosis of the objects. The physical reproduction of the original glass negative plates also transformed the material because Erik Niedling remained true to the sober objectivity of the given material. He again repeated the transformation that the photographers from the period between the wars strived toward and made the photographic language of form legible as a program—and that sometimes in a literal sense: scissors, knives, blades, and garden tools refer not only to the cacti culture, but also to the cultural encryption of photography that has always been a process of cutting, cropping, and caesura. The work on the cacti is at the same time metaphorical, but also highly specific work on and with photography. This also applies to the serialized arrangement of cacti, earthenware, and pots, that correspond to a serialized arrangement of photographs, or for the archive wall, in which seeds and samples are stored (and in which photographic archives could also have found their place, and perhaps even have). And last but not least, for the allotted use of light without which no cactus culture and also no photograph could be successful. The same thing is repeated on the level of the image: the manipulation—meant here in the literal sense—of the cacti is doubled in size through manipulation of the negative plates, which are recognizable on the enlargements from the C-prints in a sometimes irritating way. This brings us to the old question of the objectivity of photography, but at the same time photography is identified *as* a reproduction, as a process of manipulation. In one photo the word, *wetterfest* (weatherproof) can be seen on a pencil that is supposed to make the scale of the blades discernible. But here it becomes a light sensor in that it underlines what the image is showing— because *wetterfest* is not that what Johann Faber produces, but instead what *homo faber* produces: images upon images, images of reflection, that make complex cultural history readable.

Erik Niedling succeeds in creating something wonderful and at the same time highly alienating: he forces the aesthetic-epistemological program out of the Neue Sachlichkeit photographs and leaves them in an idiosyncratic twilight—in the hauntingly beautiful and darkly luminous light of photography. And in this light, our cultural history begins to shine anew.

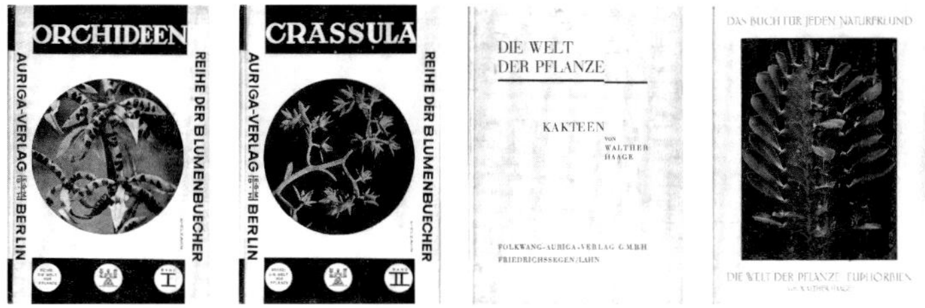

Fig. 1

The reproduction is taken from Rainer Stamm's *Die Welt der Pflanze: Photographien von Albert Renger-Patzsch und aus dem Auriga-Verlag* (Ostfildern-Ruit, 1998), p.16.

NOTES

1 Ernst Fuhrmann, "Überblick," in idem. ed., *Die Welt der Pflanze* (Frankfurt am Main, 1931).

2 Karl Nierendorf, "Einleitung," in Karl Blossfeldt, *Urformen der Kunst* (Berlin, 1928), p. ix.

3 Carl Georg Heise, "Einleitung," in Albert Renger-Patzsch, *Die Welt ist schön* (Munich, 1928), pp. 7f.

4 A comprehensive and detailed documentation of the images from Renger-Patzsch can be found in Rainer Stamm, *Die Welt der Pflanze. Photographien von Albert Renger-Patzsch und aus dem Auriga-Verlag* (Ostfildern-Ruit, 1998).

5 Gert Mattenklott ventures a depiction of this program in several publications. Compare with the beautiful documentation of Karl Blossfeldt's plant photographs: *Karl Blossfeldt. Urformen der Kunst. Wundergarten der Natur. Das fotografische Werk in einem Band*, with a text from Gert Mattenklott (Munich, et al, 1994). As to Fuhrmann, see Mattenklott's "Nachwort," in Ernst Fuhrmann, *Was die Erde will.* (Munich, 1986), pp. 237–55, and "Vorwort," in Ernst Fuhrmann, *Neue Wege*, vol. 10 (Hamburg, 1983), pp. i–ix.

6 See these texts by Albert Renger-Patzsch: "Pflanzenaufnahmen," in *Deutscher Camera Almanach*, vol. 14 (Berlin, 1923), pp. 49–53; "Das Photographieren von Blüten," in *Deutscher Camera Almanach*, vol. 15, (Berlin, 1924), pp. 104–12; "Kakteen-Aufnahmen," in *Photographie für Alle*, no. 6 (Berlin, 1926), pp. 83–86; "Photographische Studien im Pflanzenreich," in *Deutscher Camera Almanach*, vol. 17 (Berlin, 1926), pp. 137–41; and "Pflanzenaufnahmen im Winter," in *Camera* (Luzern, January 1927) pp. 186ff.

7 Renger-Patzsch 1924 (see note 6), p. 105.

DIE ZUCHT

Ingo Niermann

Es klopft, und Dan tritt ein, er schaut mich geradewegs an. Soll ich verärgert oder freudig wirken? Ich bin besorgter um meine Wirkung nach außen als um mein Fortkommen mit mir selbst, das sollte ich revidieren können. Aber über das, was ich einmal an Signalen verschickt habe, übe ich sicher kaum noch Kontrolle aus. Eitelkeit ist die Gewissheit, nur gerade bis zur eigenen Oberfläche zu reichen.

Die menschliche Verständigung ist sehr beschränkt und ungenau. Wir denken auch sehr ungenau, zum Rechnen und Formulieren müssen wir große Zeichen schreiben. Erst diese Übertragung macht uns sicher, aber nicht die in einen anderen Kopf.

Selbst wenn wir unsere Gehirne endlich kurzschließen könnten, was sollten wir mit den Gefühls- und Bildfetzen des anderen anfangen? Als hätten wir eine Droge genommen, mit der wir uns permanent neu überraschen: Nur sind wir weiterhin nüchtern. Oder nehmen obendrein eine Droge, um uns die Verzerrungen irgendwie zurechtzuzerren. Will man sich dem anderen weit öffnen, muss man möglichst in Worten denken.

Uns fehlt nicht nur eine feste Ikonografie, sondern überhaupt die Vorstellungskraft, um geordnet in Bildern zu denken. Außer in Träumen, Visionen, Halluzinationen, die wir nicht bewusst steuern können. Oder in äußerster, von jeder Wahrnehmung trennender Konzentration.

Statt uns doch nur misszuverstehen, möchte ich, dass wir das Ungenügende auch ungenügend fassen, aber systematisch. In dieser Annahme oder Folgerung stimmen wir überein. Was unwidersprochen bleibt, ist eine gemeinsame Behauptung. Es erscheint einem unangemessen und im Grunde schämt man sich, etwas als einzelner gerade jetzt auszusprechen, denn entweder ist es falsch oder es hätte auch von einem anderen gesagt werden können. Wer was wann sagt, verdankt sich besonderen Umständen, die aber mit dem, was uns an Charakter und Situation einsichtig ist, nicht viel zu tun haben. Das Verhältnis ist ungünstiger, als wenn man sich bei der synthetischen Nachbildung eines Geschmacks mit wenigen Komponenten begnügt. Nur haben wir die echten nie erfahren.

»Noch immer«, sage ich, »ist es zu teuer und kompliziert, einen Baum synthetisch herzustellen. Aber angenommen, es wäre möglich und hätte noch nie Bäume gegeben: Wer käme auf die Idee, ein Gerät, das den zunehmenden Kohlenstoffgehalt der Luft in Sauerstoff rückverwandelt, in der Weise zu konstruieren? Als ein chaotisch sich verzweigendes Werk, das im Wind beruhigend und belebend rauscht, das Schatten spendet und selbst mehrstöckige Häuser mit der Zeit überragt? Ein Gerät, das nur das halbe Jahr arbeitet, dann seine Feintechnologie fallen und verrotten lässt, um sie im nächsten Jahr aus Wasser, Luft und Erde neu zu erzeugen? Wer gäbe diesem Gebilde eine Chance, wem stünde es nicht im Weg, wer würde nicht seine Stabilität anzweifeln und über die Unmengen an Abfall lamentieren, wer würde sie gar einfach verrotten lassen wollen? Da es Bäume aber schon gibt und sie sich von selbst vermehren, pflanzt man sie sogar eigens an und freut sich über jeden, der in einer Straße Platz findet.«

»Wir denken als Menschen«, wendet Alex ein, »denen die Möglichkeiten, einen Baum synthetisch zu erzeugen, nun einmal fehlen.«

»Leben technisch zu erzeugen«, sagt Dan, »erscheint den Menschen unheimlich – solange sie es noch nicht können. Sogar solches, das es schon gibt.«

»Aber sie züchten. Denk dir eine Welt der Gebüsche: Wer machte sich daran, von einem einzigen gewaltigen Ast ausgehende Verzweigungen zu züchten, die weit über den Menschen, den Häusern erst beginnen?«

»Die Menschen haben auch Hochhäuser entwickelt, sie sogar in Erdbebenzonen gebaut. Aus dem Drang, dem Berg etwas entgegenzustellen. Dort, wo kein Berg in Sichtweite ist, stattdessen die eigenen Berge zu errichten. Der Anblick eines Hochhauses oder einer Hochhaussilhouette freut viele, auch wenn sich mit deren Existenz für sie persönlich kein Nutzen verbindet.«

»Ein Baum erschiene beunruhigender und verwirrender. Eine Konstruktion, die einem zwar das Licht nimmt, aber schlecht vor Regen schützt.«

»Würde uns die genetische Prädisposition fehlen, vielleicht. Aber so freut uns der bloße Anblick des Baumes. Auch wenn wir ihn nicht riechen, nicht hören, er uns selbst keinen Schatten spendet. Der Baum wirkt als weithin sichtbares Zeichen: Hier kann auch anderes gedeihen, das uns oder unseren Beutetieren Nahrung gibt. Von einer Blume können wir selbst nichts essen, verbrennen oder verbauen, deshalb wirkt unsere Hinwendung zu ihr selbstlos. Sie führt uns in die Irre, abgeschnitten in einer Blumenvase, eingetopft auf einer Fensterbank. Wie ein Straßenschild, das nun den Wohnungsflur verziert. Mein Gefühl beim Anblick einer Schnittblume ist ähnlich schal, aber wenigstens ist sie dreidimensional, duftet und vergeht.«

»Wenn ich Straßenschilder in Wohnungen sehe, denke ich unwillkürlich an Kindheit. In der man beginnt, Schilder wahrzunehmen und zu verstehen. Dann ist ein Straßenschild ein sehr wohl dreidimensionales, riechendes und überragendes Gebilde.«

»Ich bin genetisch auf Blumen abgerichtet«, sagt Alex, »nicht bloß kulturell.«

»Du möchtest Blumen um dich haben?«, fragt Dan.

Der Aufforderung der Gene kann man sich entziehen. Sie bleibt ohne Worte, und man selbst wird nicht auf Worte festgelegt. Dan lebt diese Differenz. Ist anwesend, indem er lässt. Ist die Weite derer, die ihn verstehen, und die Bedrängnis derer, denen er entgeht.

»Sollen wir mal raus?«, erkundige ich mich.

Dan fragt: »Wohin?«

»Einfach raus. So weit wir kommen.«

BREEDING

Ingo Niermann

There's a knock and Dan walks in, he is looking right at me. Should I seem annoyed or glad? I worry more about the way I come across on the outside than my own progress with myself, that I should be able to revise. But when it comes to the signals that I've already sent, I exert hardly any control. Vanity is the certitude of just barely reaching your own surface.

Human comprehension is very limited and imprecise. We also think very imprecisely; to calculate and formulate we have to write in large characters. It is only this transfer that makes us sure, not the one going into another head.

Even if we could link our brains together, what are we supposed to make of the other's feelings and snatches of pictures? As if we had taken a drug with which we are constantly surprising ourselves, except that we stay sober. Or we take a drug into the mix, one that helps us somehow un-distort the distortions. If you want to open yourself wide to the other, you have to think in words as much as possible.

Not only do we lack a fixed iconography, but also the imagination to think in well-sorted pictures in the first place. Except for in dreams, visions, hallucinations, over which we have no conscious control. Or in the case of extreme, all-outside-perception-blocking concentration.

Instead of just misunderstanding each other, I'd like us to also grasp the inadequate in an inadequate, but systematic, way. This is one assumption or conclusion on which we can all agree. What remains undisputed is a shared assumption. To us it appears in appropriate, and it basically embarrasses us to vocalize something even now and on our own, because it is either wrong or could have been said by someone else. Who says what when is determined by particular circumstances, but these have little to do with what we know of character and situation. The ratio is less favorable than contenting ourselves with the synthetic imitation of a taste with few components. Except that we never experienced the real ones.

"Still," I say, "it is too expensive and complicated to synthetically fabricate a tree. But assuming it was possible, and if there had never been trees: who would get the idea to make a device that converts the increasing carbon content in the air back into oxygen, built in just that way? As a chaotically branching work, rustling calmingly and animated in the wind, providing shade and, with time, even towering over multi-level buildings? A device that works only six months out of the year then drops its fine technology and lets it decompose, just to regenerate it the following year out of water, air, and soil? Who would give this structure a chance, in whose way wouldn't it get in, who wouldn't doubt its stability and lament the vast amount of waste, who would have even wanted it to just rot away? But because we already have trees and they already multiply on their own, we'll even plant them ourselves, and are happy for each one that finds a place on a street."

"We think as human beings," Alex objects, "who simply lack the ability to synthetically fabricate a tree."

"The technical ability to generate life," says Dan "seems creepy to people—so long as they still can't do it. Even to the extent that it already exists."

"But they breed. Think about a world of shrubs: who set out to make so many branches and twigs fork from one giant bough, only starting far above the people, the buildings?"

"People also developed high rises, even built them in earthquake zones. From an urge to stand up against the mountain. Where there's no mountain in eyeshot, they erect their own mountains instead. Just seeing a highrise or a highrise silhouette pleases a lot of people, even if it and its existence is of no personal use."

"A tree would seem more disturbing and perplexing. A construction that does actually hide you from the light, but is poor protection against the rain."

"If we didn't have the genetic predisposition, maybe. But that's how the mere sight of a tree gives us pleasure. Even if we can't smell it, hear it, if it isn't shading us personally. The tree acts as a potent visual symbol: other things can thrive here, things that can nourish us or our prey. We ourselves can't eat, burn, or ruin anything from a flower, which is why our fondness for them seems selfless. It's disorienting, cut off in a flower vase, potted on a windowsill. Like a street sign just decorating the hall of an apartment. The feeling that I get from the sight of a cut flower is similarly insipid, but at least it's three-dimensional, fragrant and passes."

"When I see street signs in apartments, I automatically think of childhood. Where you begin to perceive and understand street signs. Then a street sign really is a three-dimensional, scented and phenomenal entity."

"I am genetically trained to flowers" Alex says, "not just culturally."

"You want to have flowers around you?" Dan asks.

One can evade genetic demand. It remains without words, and we ourselves aren't bound by words. Dan lives this difference. Is present in his letting be. Is the scope of those who understand him, and inhibiting to those he eludes.

"Should we head out?" I inquire.

Dan asks, "Where?"

"Just out. As far as we come."

WERKE / WORKS

Alle Arbeiten 2007, chromogener Farbabzug, Edition 3 + 1 AP
All works 2007, chromogenic color print, edition 3 + 1 AP

FORMATION #01 124 x 172 cm

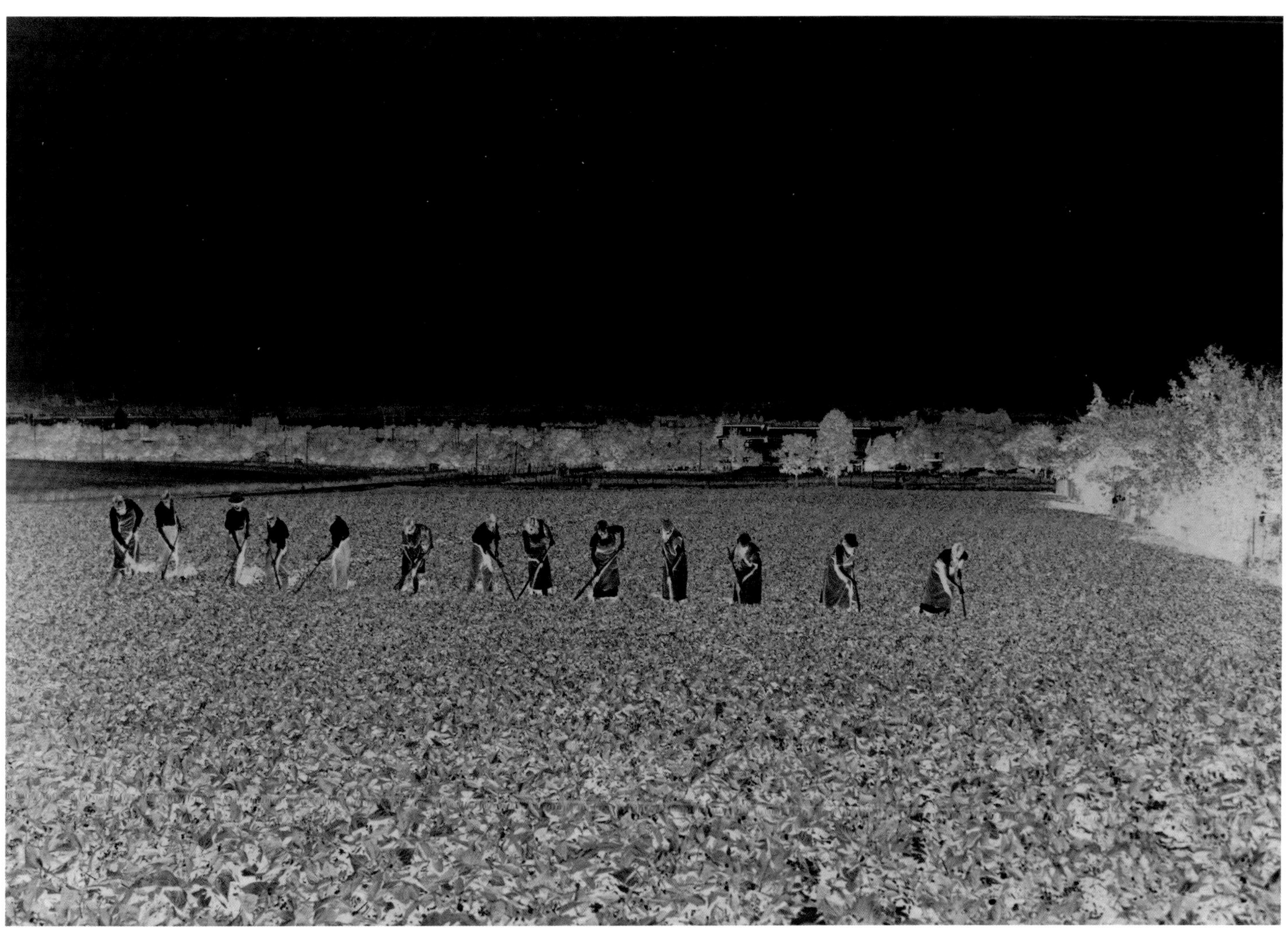

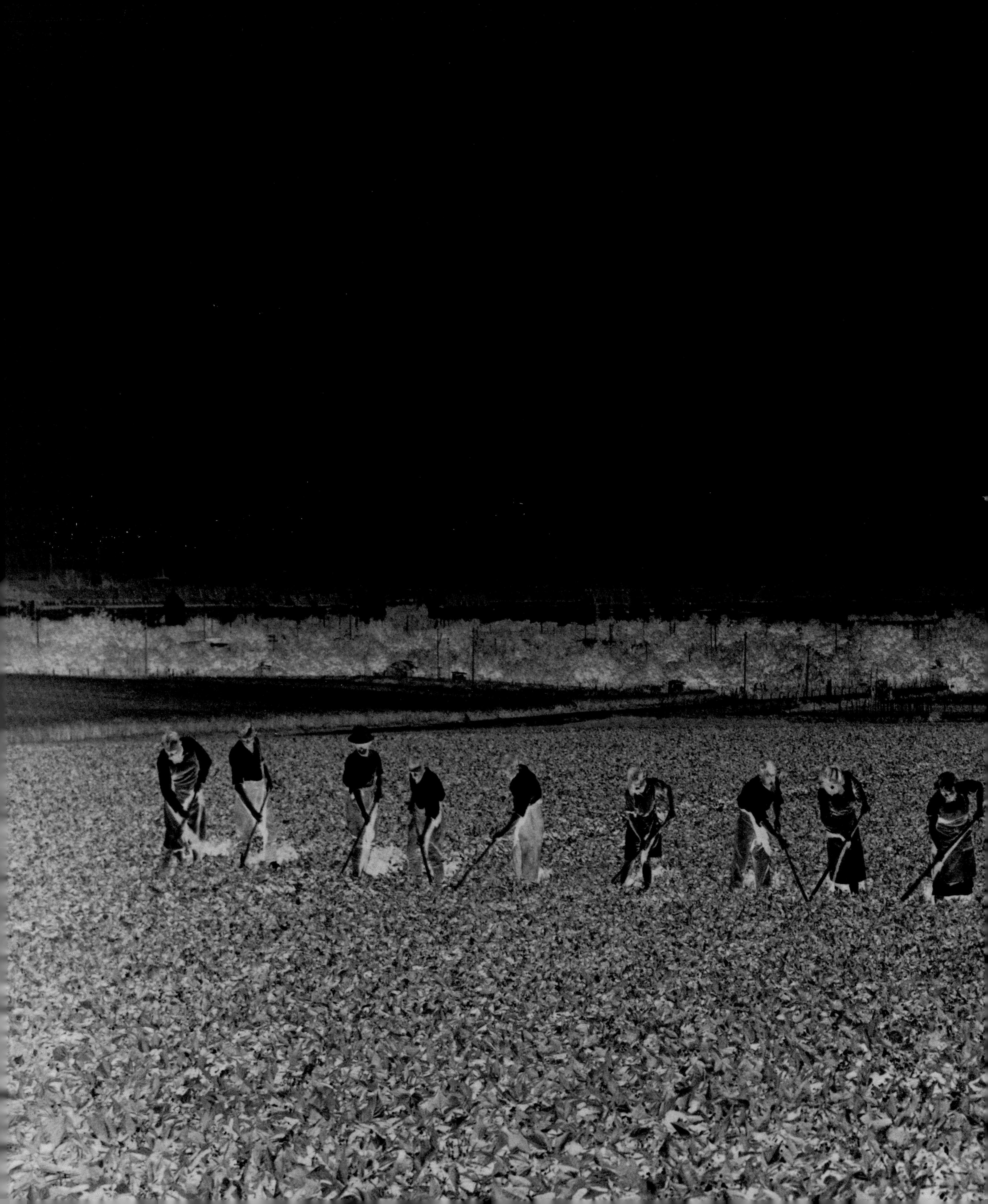

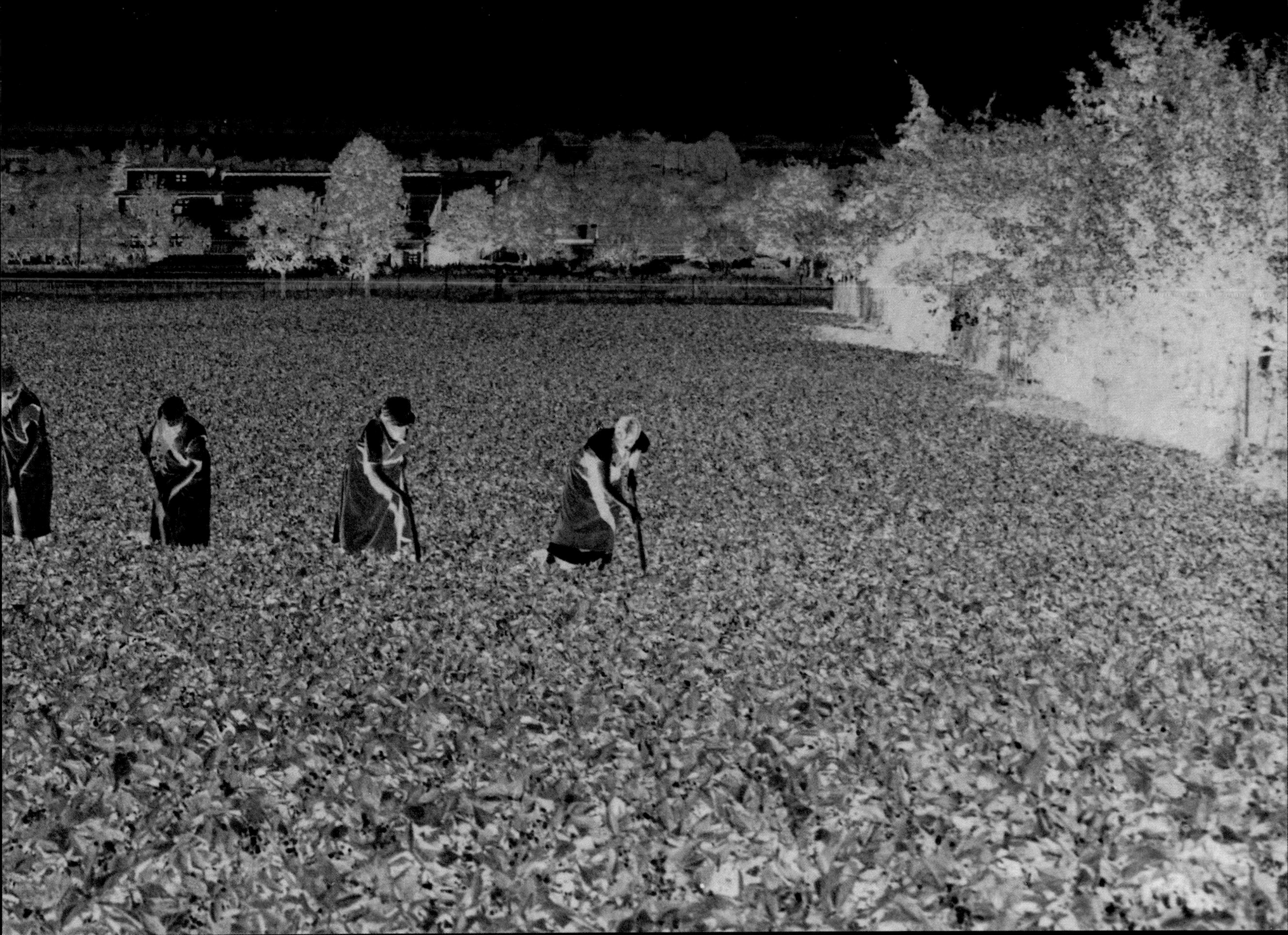

FORMATION #02 124 x 176 cm

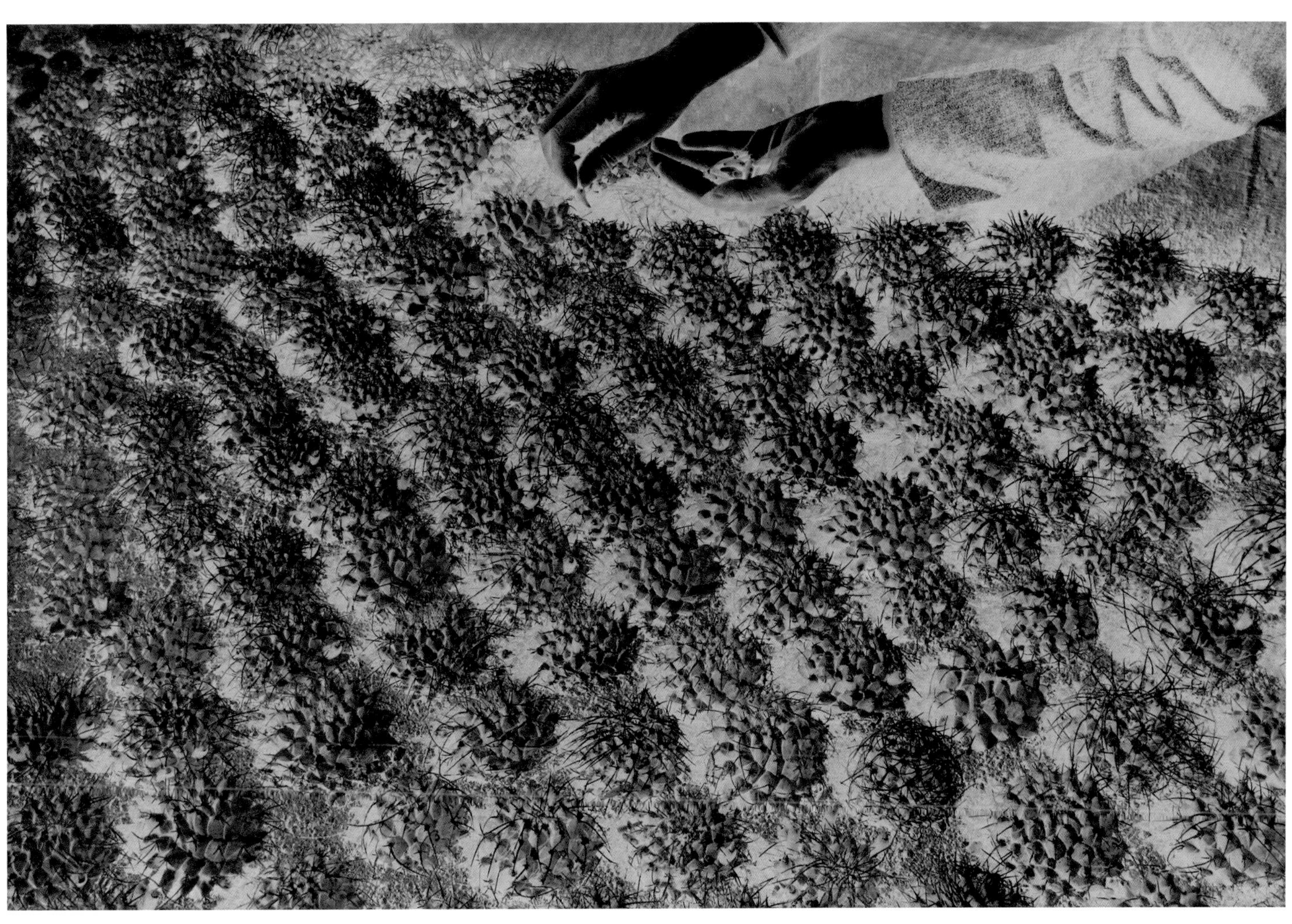

FORMATION #03 37 x 47 cm

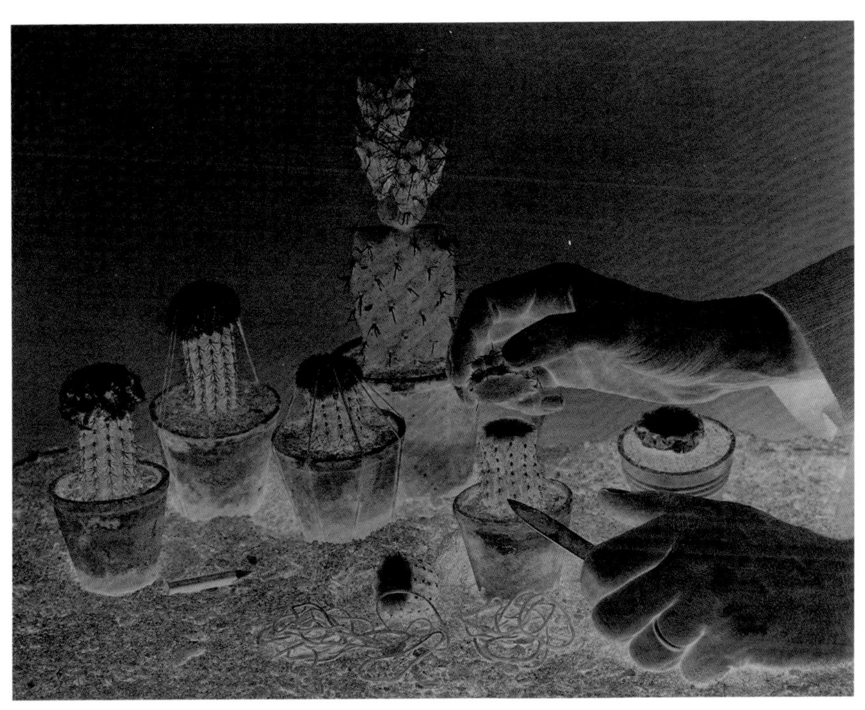

FORMATION #04 125 x 166 cm

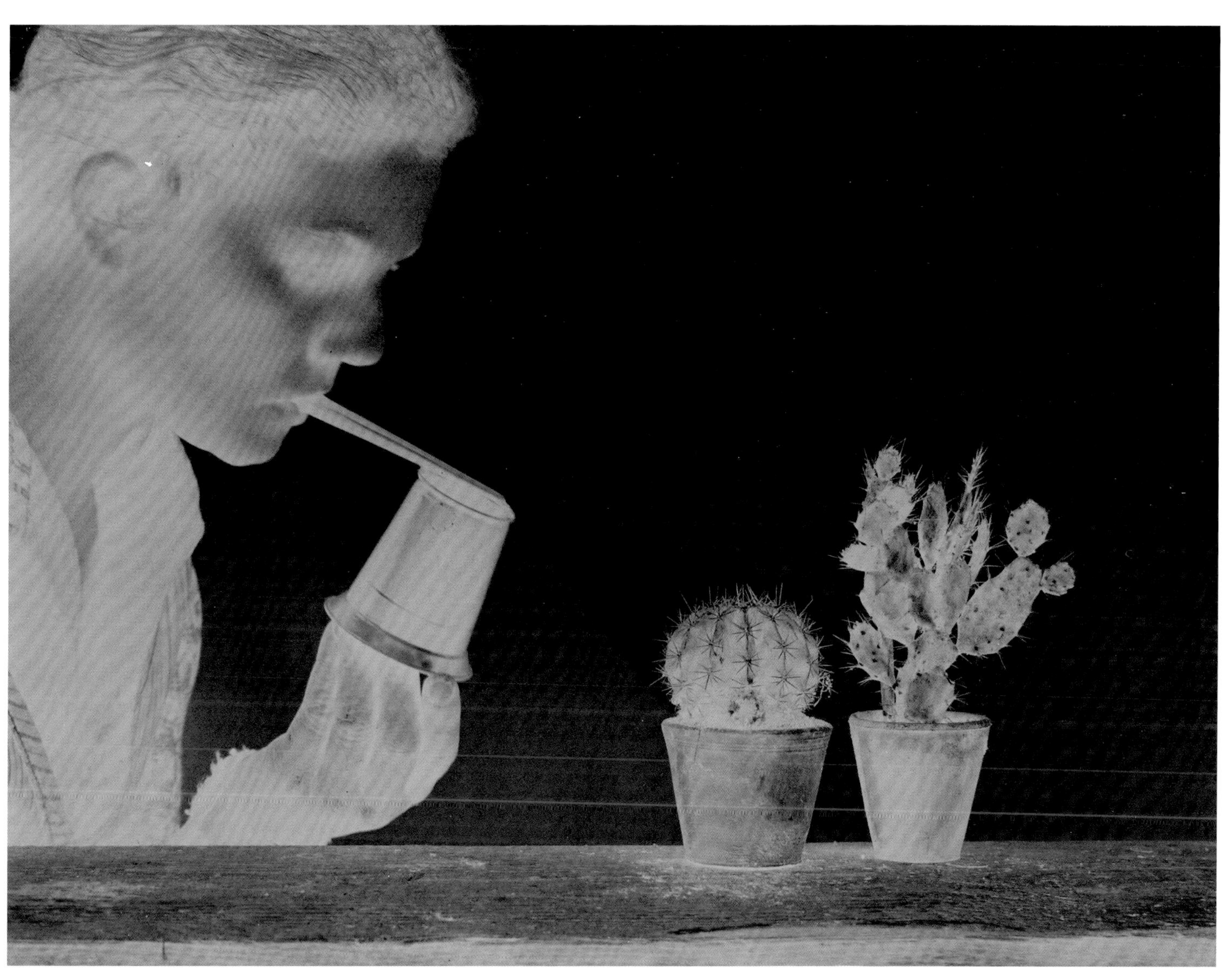

FORMATION #05 125 x 180 cm

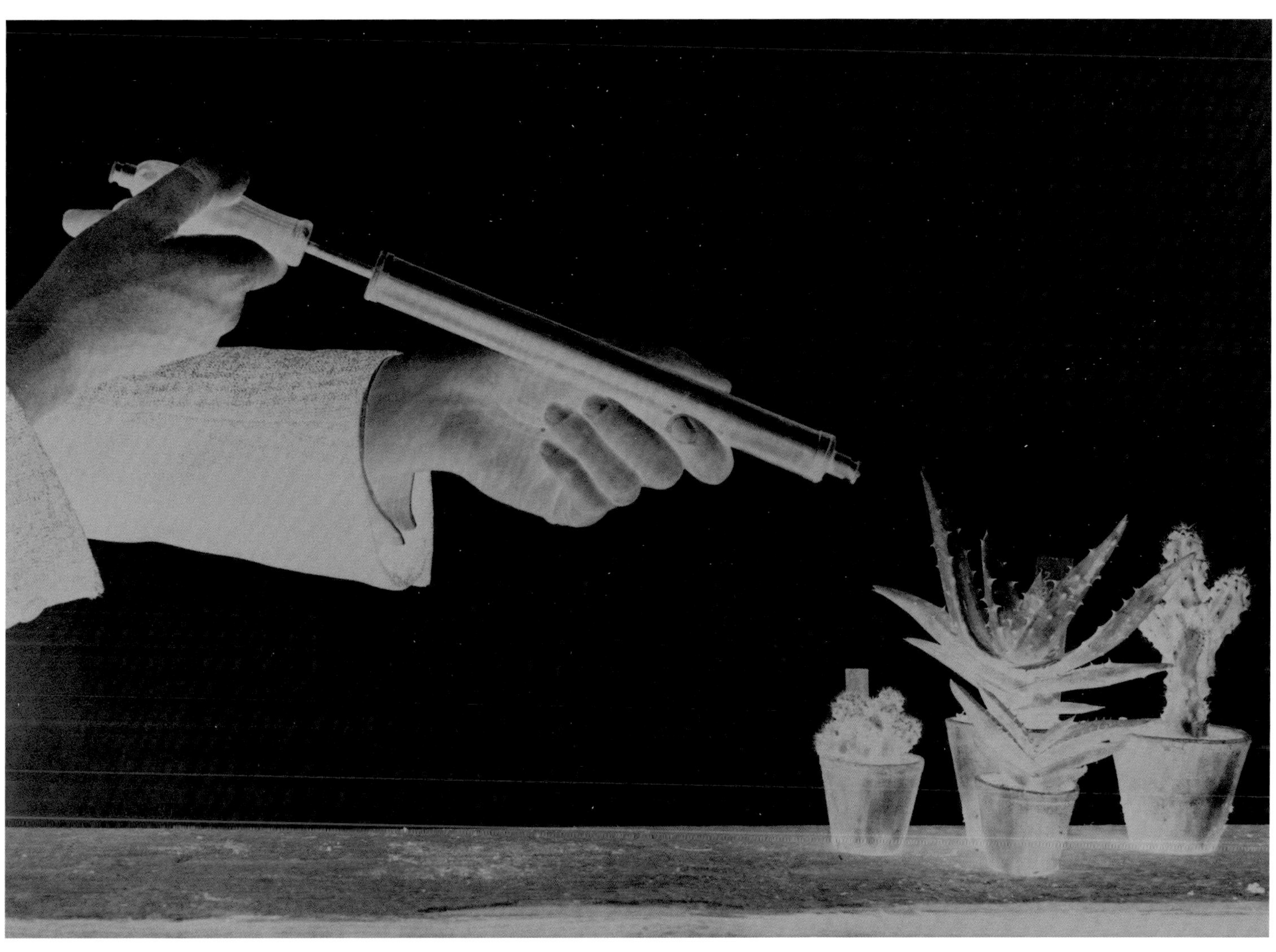

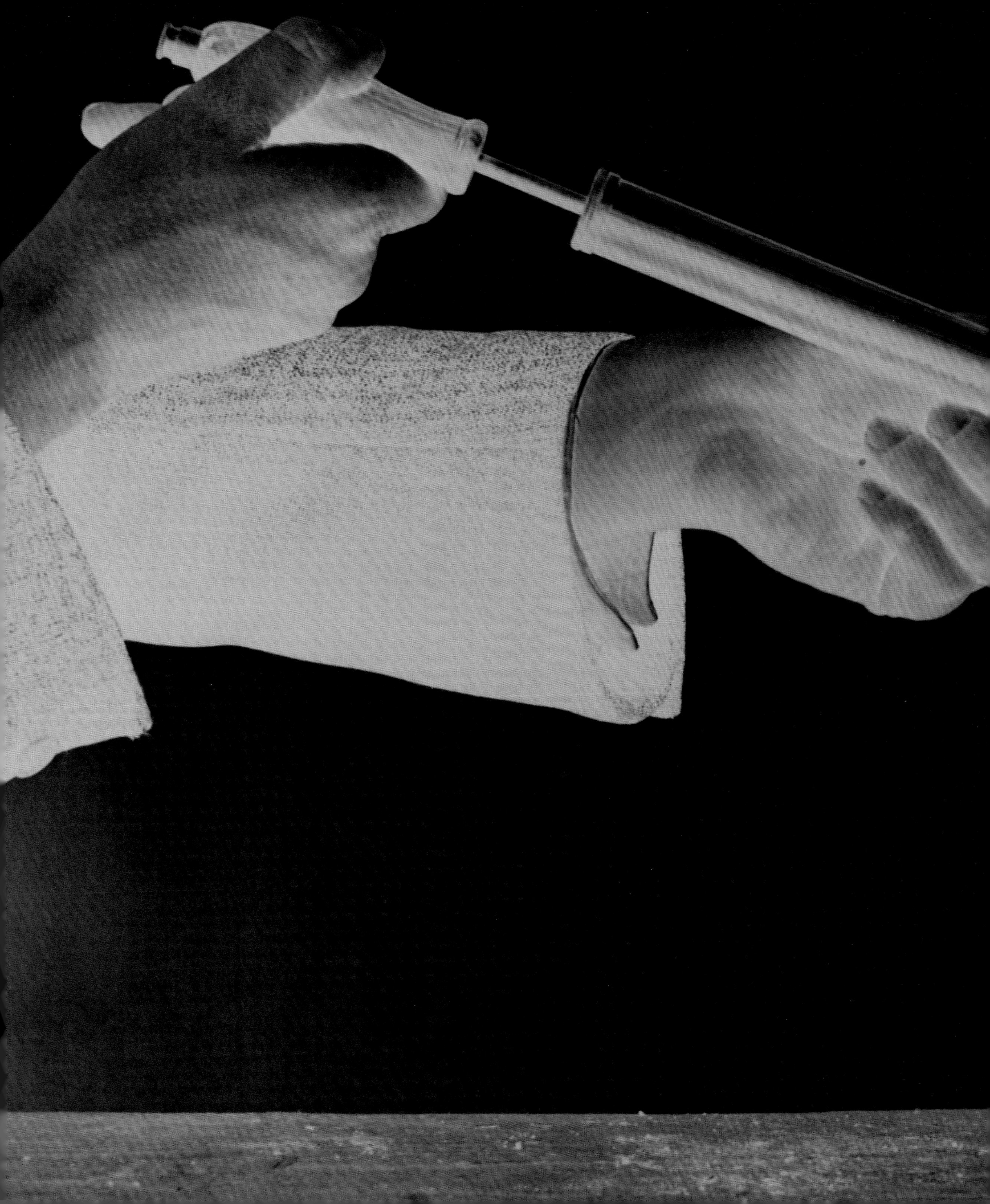

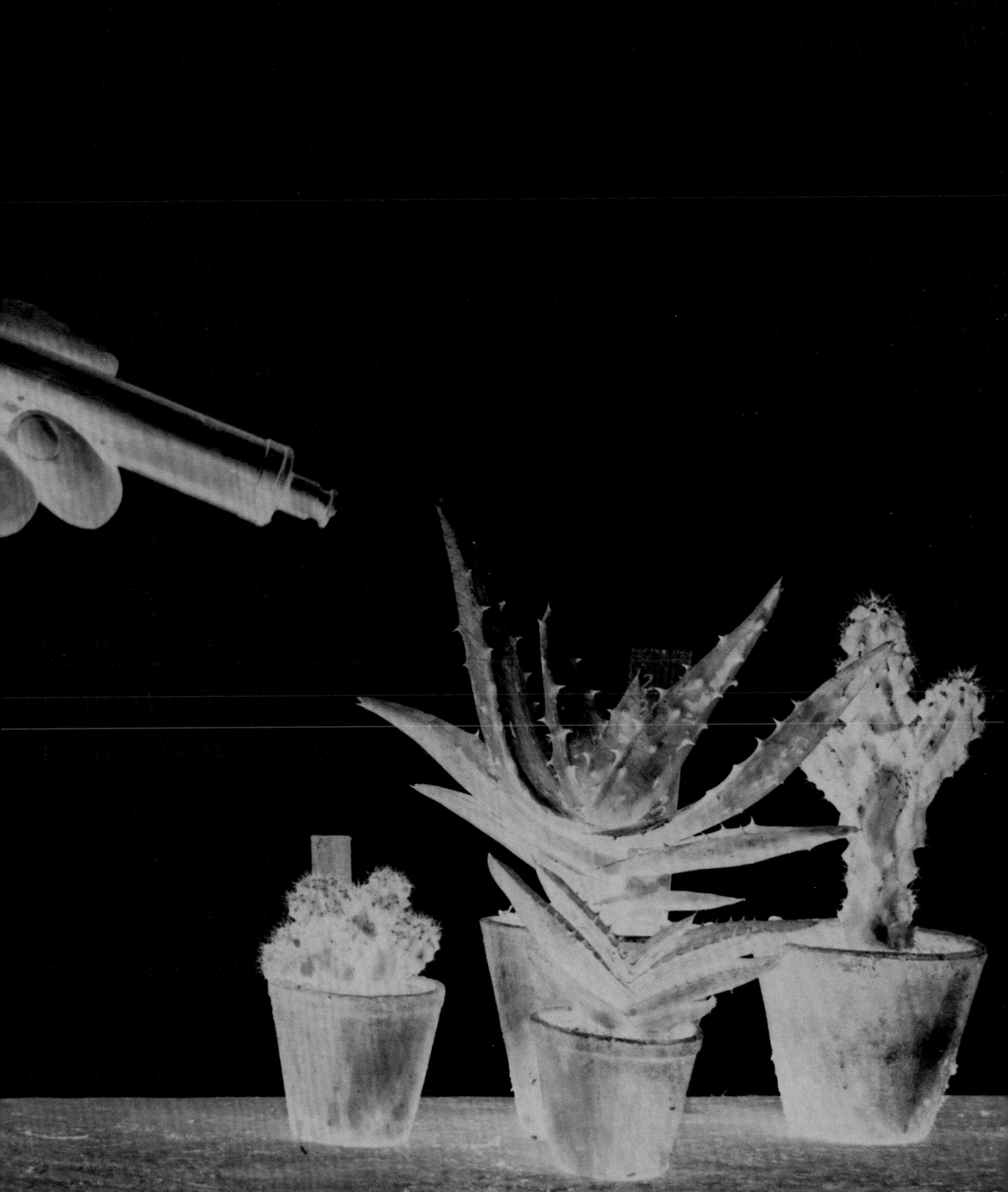

FORMATION #06 125 x 185 cm

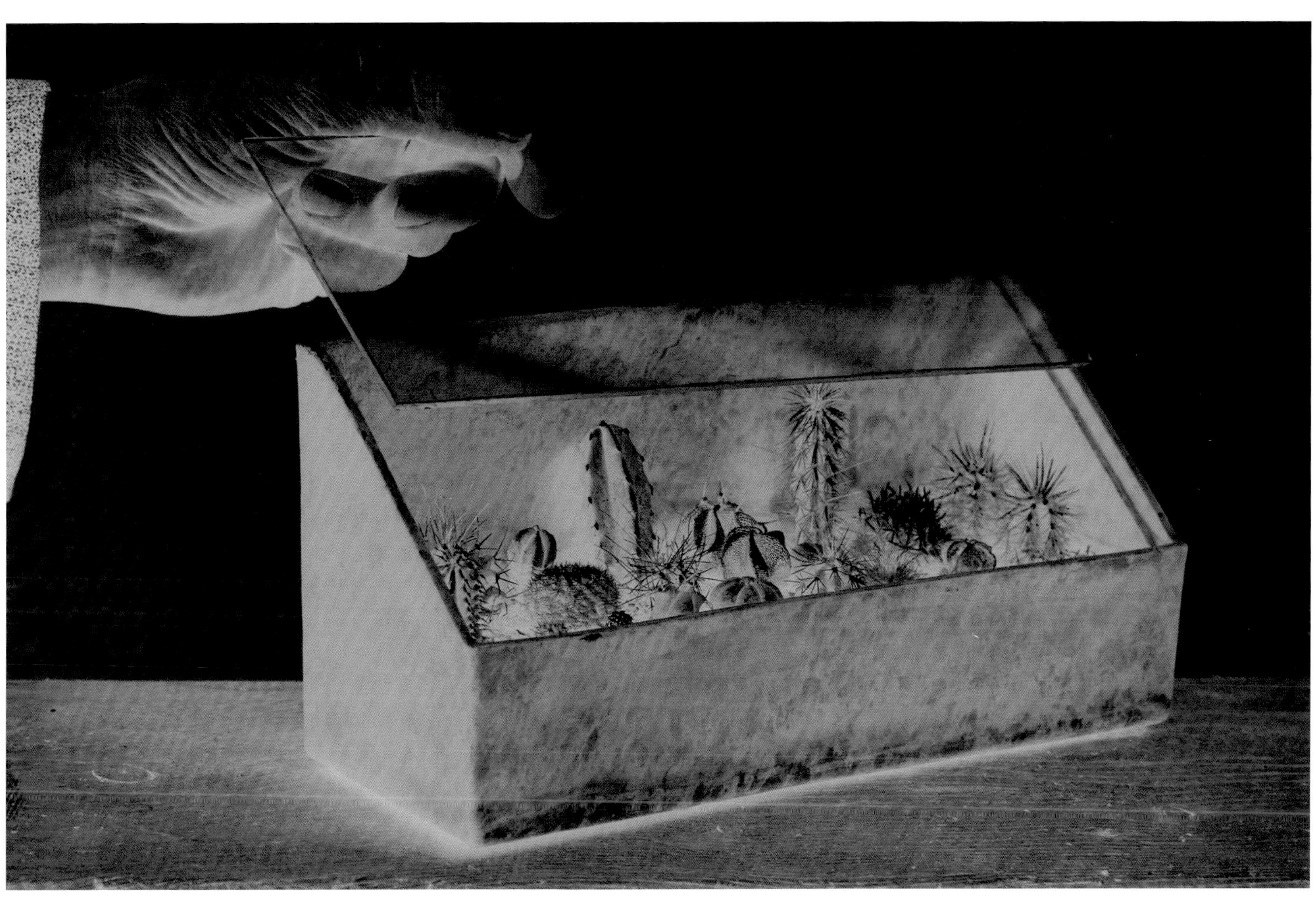

FORMATION #07 125 x 165 cm

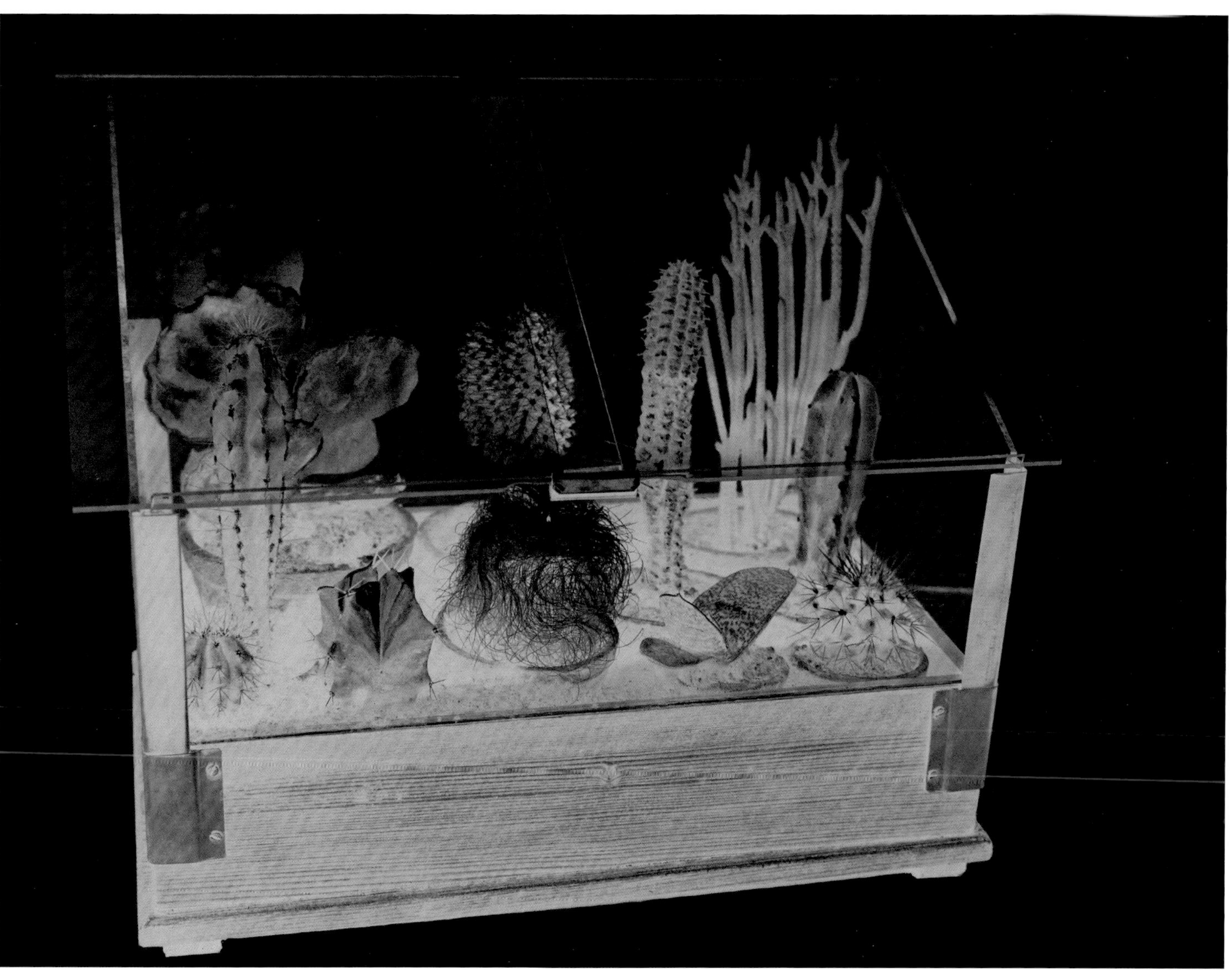

FORMATION #08 129 x 170 cm

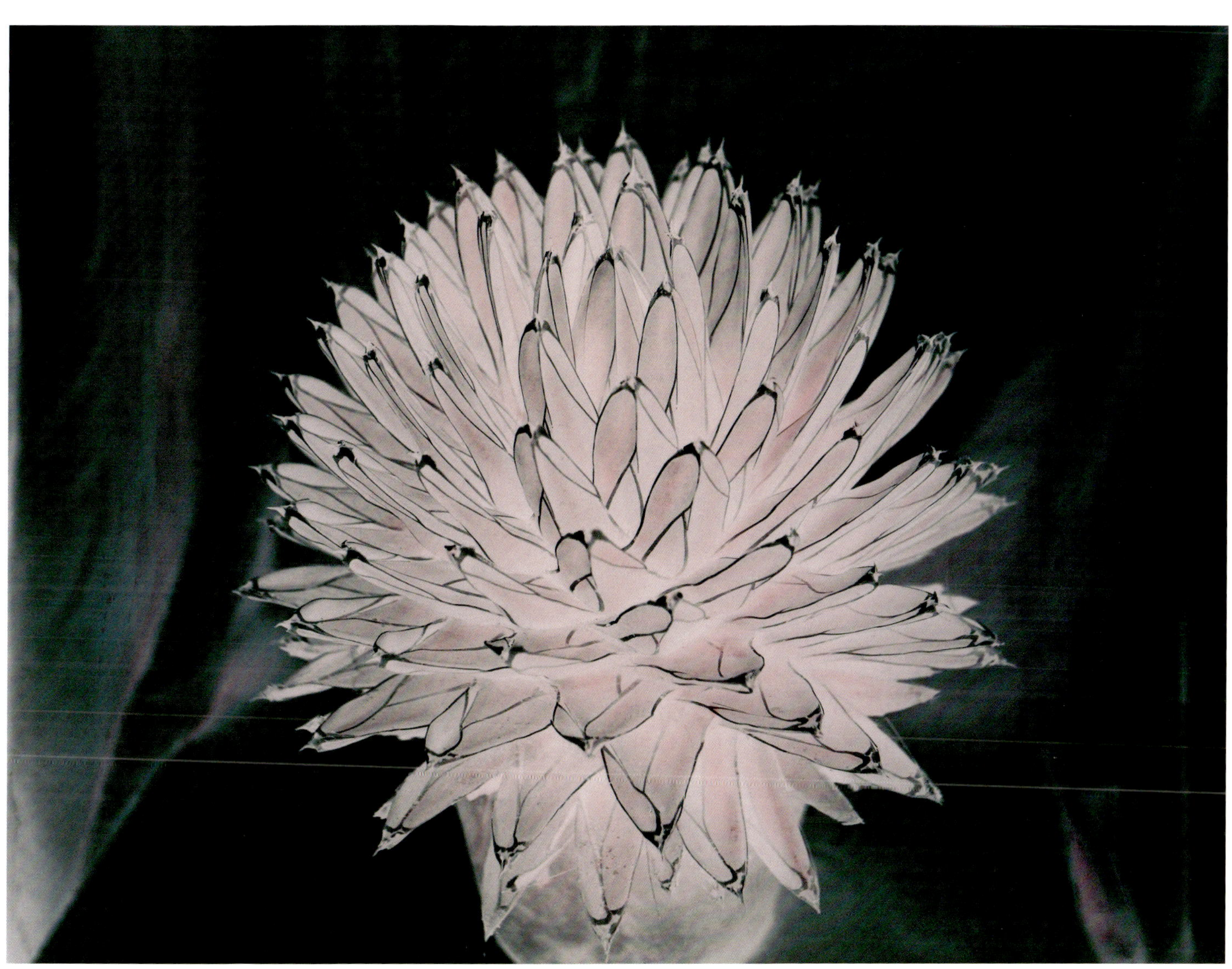

FORMATION #09 129 x 181 cm

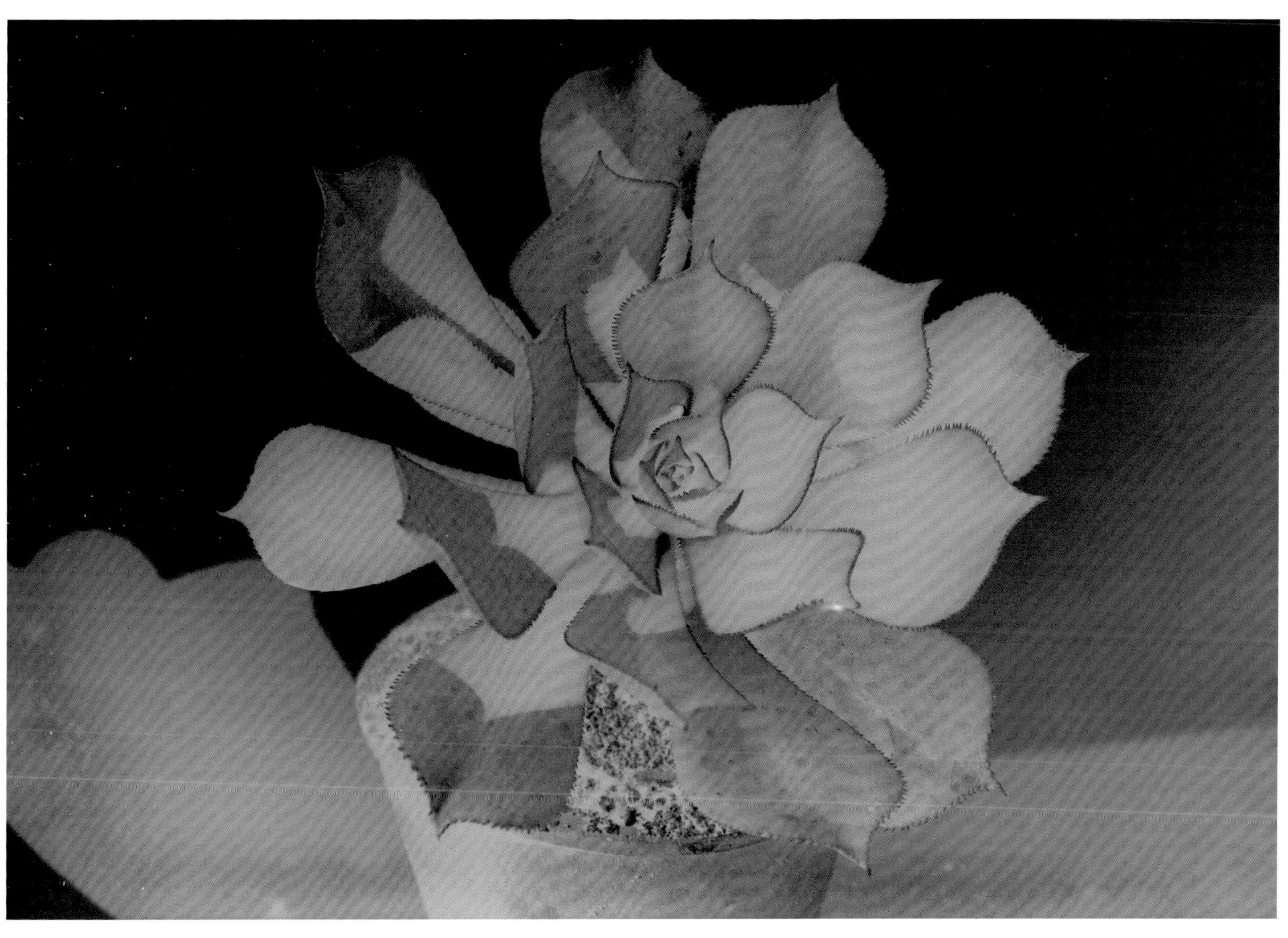

FORMATION #10 101 x 138 cm

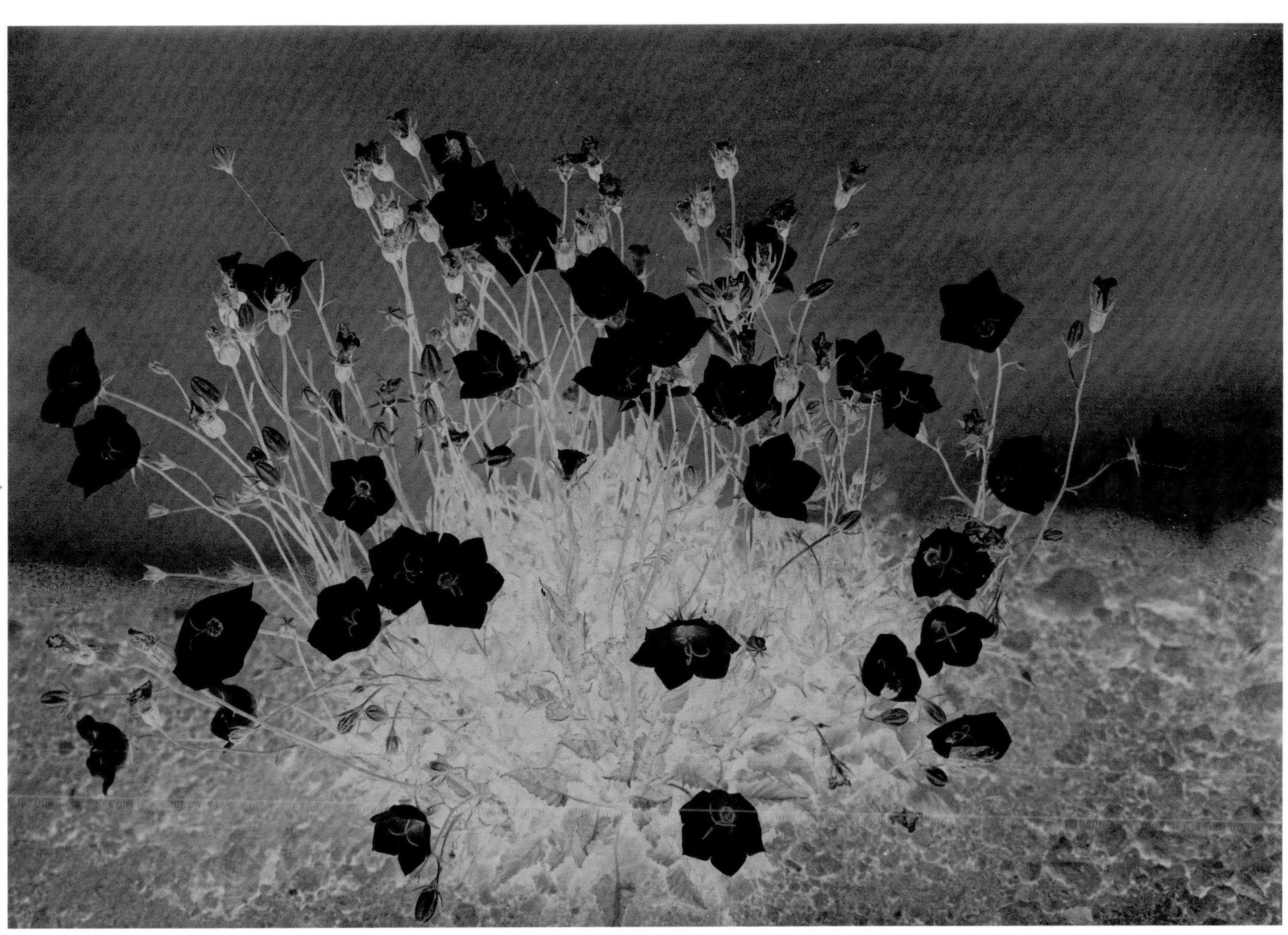

FORMATION #11 101 x 139 cm

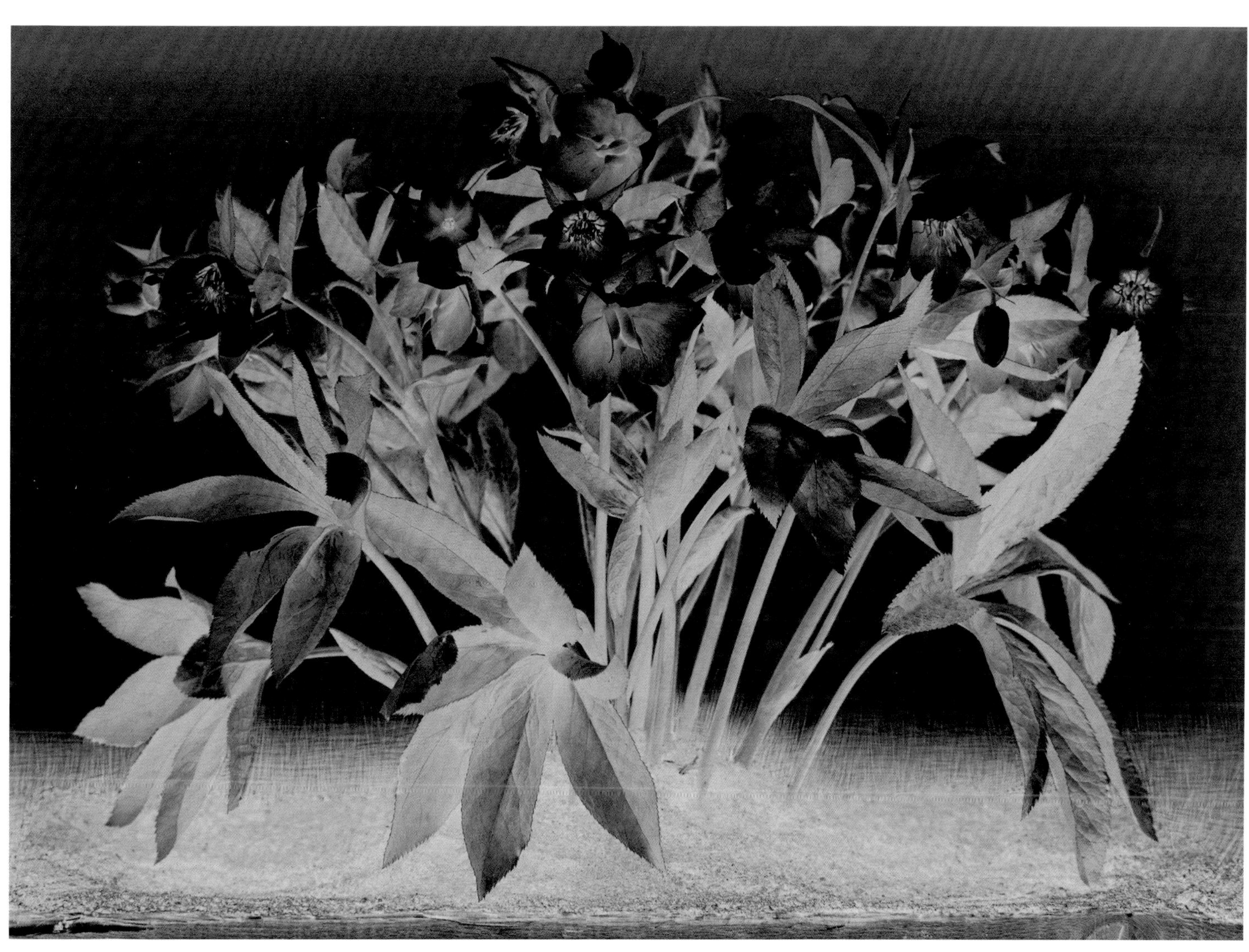

FORMATION #12 101 x 146 cm

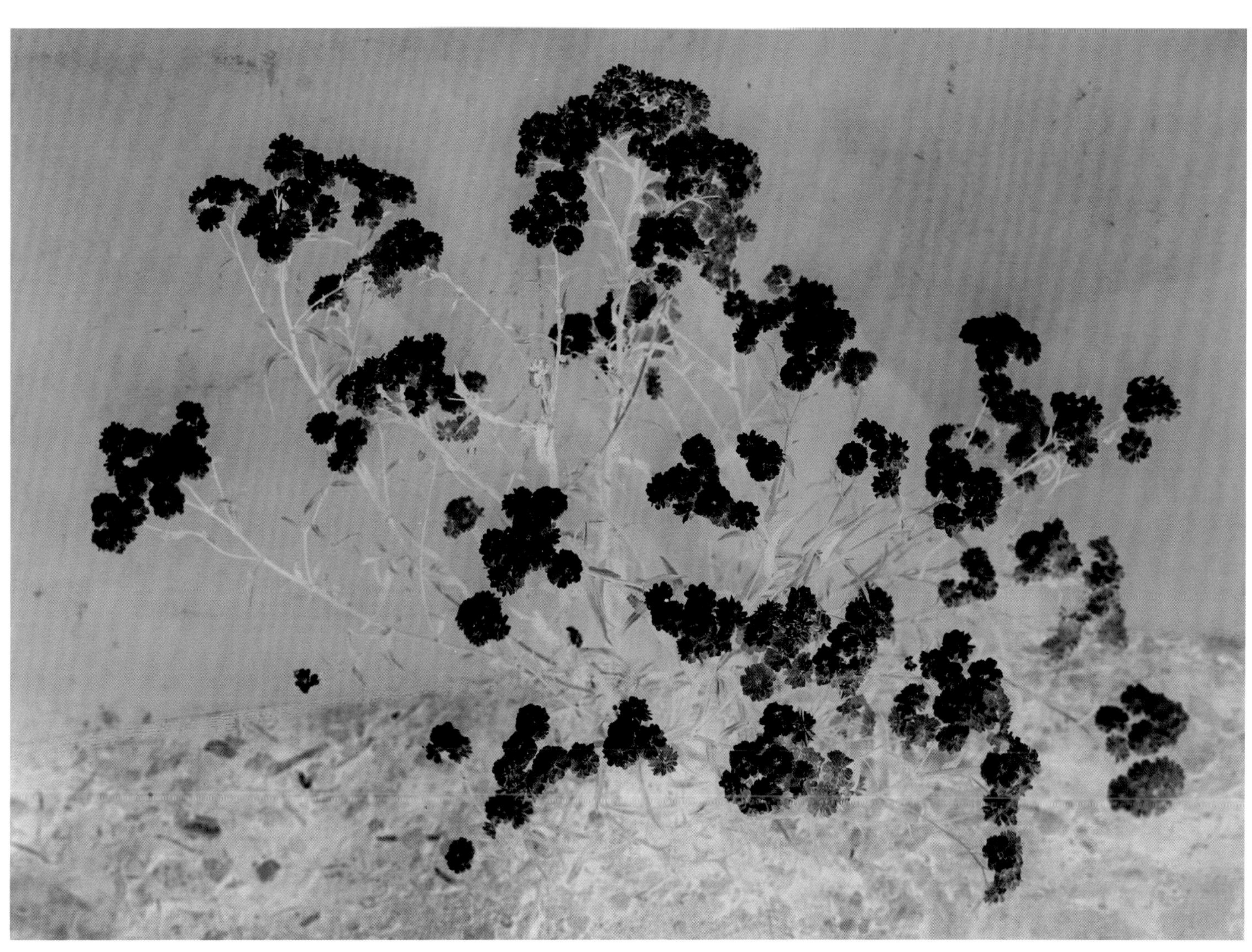

FORMATION #13 55 x 46 cm

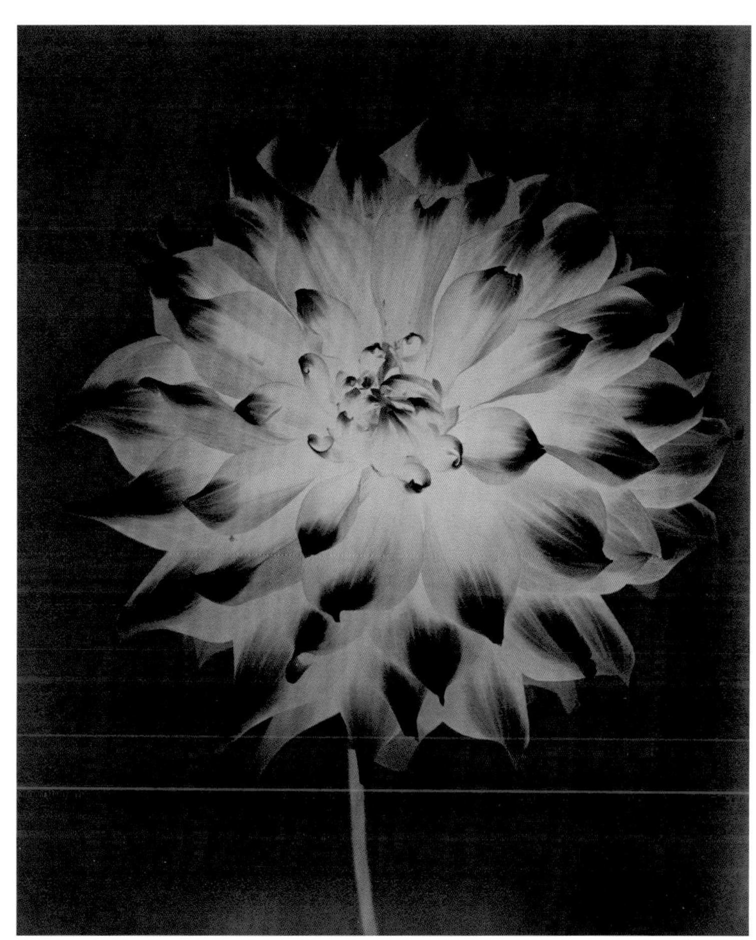

FORMATION #14 55 x 46 cm

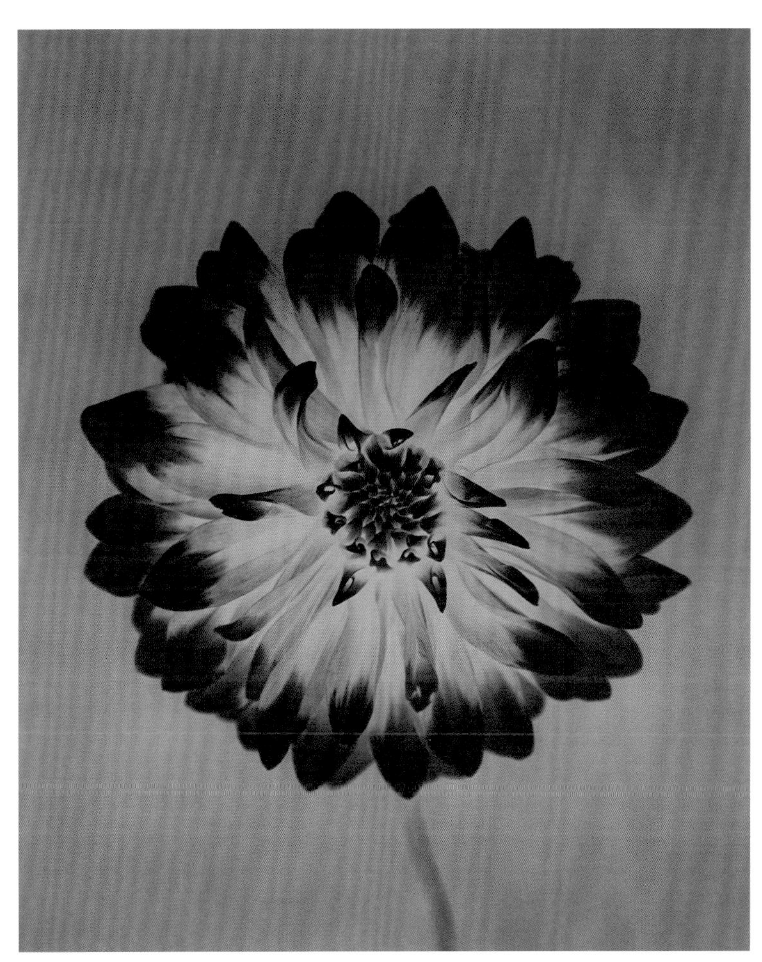

FORMATION #15 55 x 48 cm

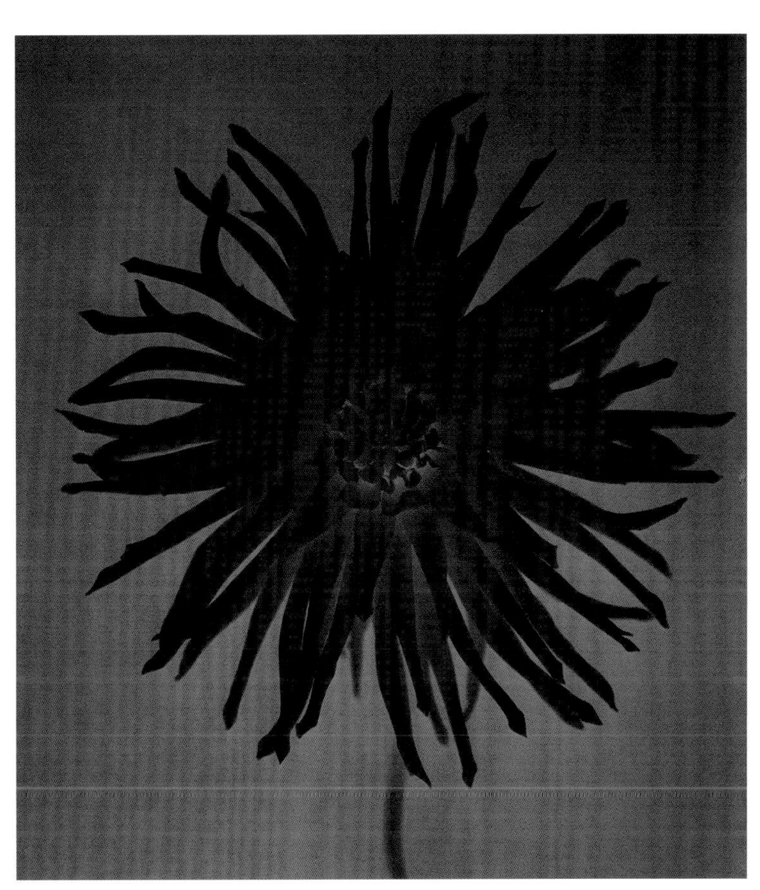

FORMATION #16 142 x 123 cm

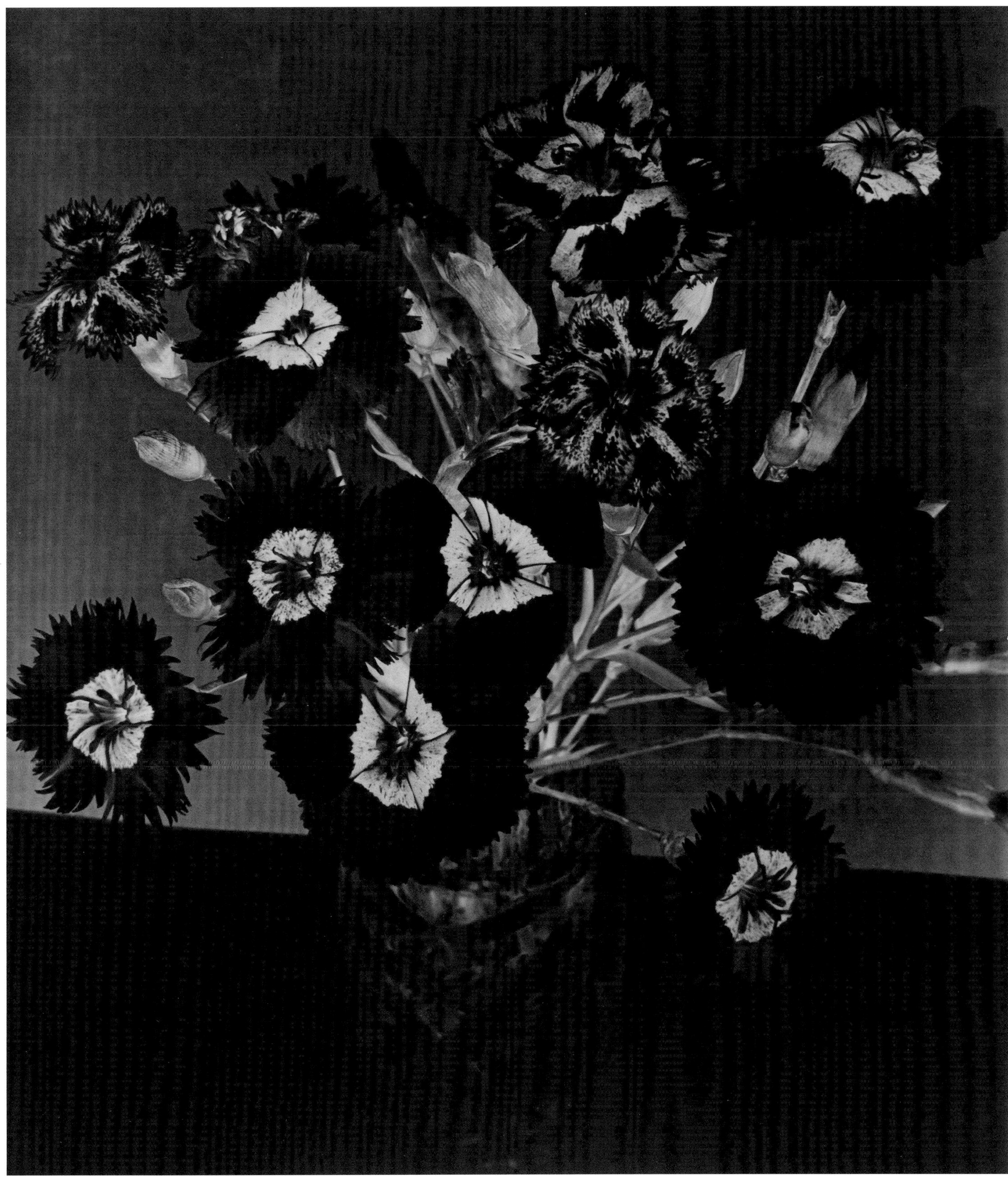

FORMATION #17 142 x 123 cm

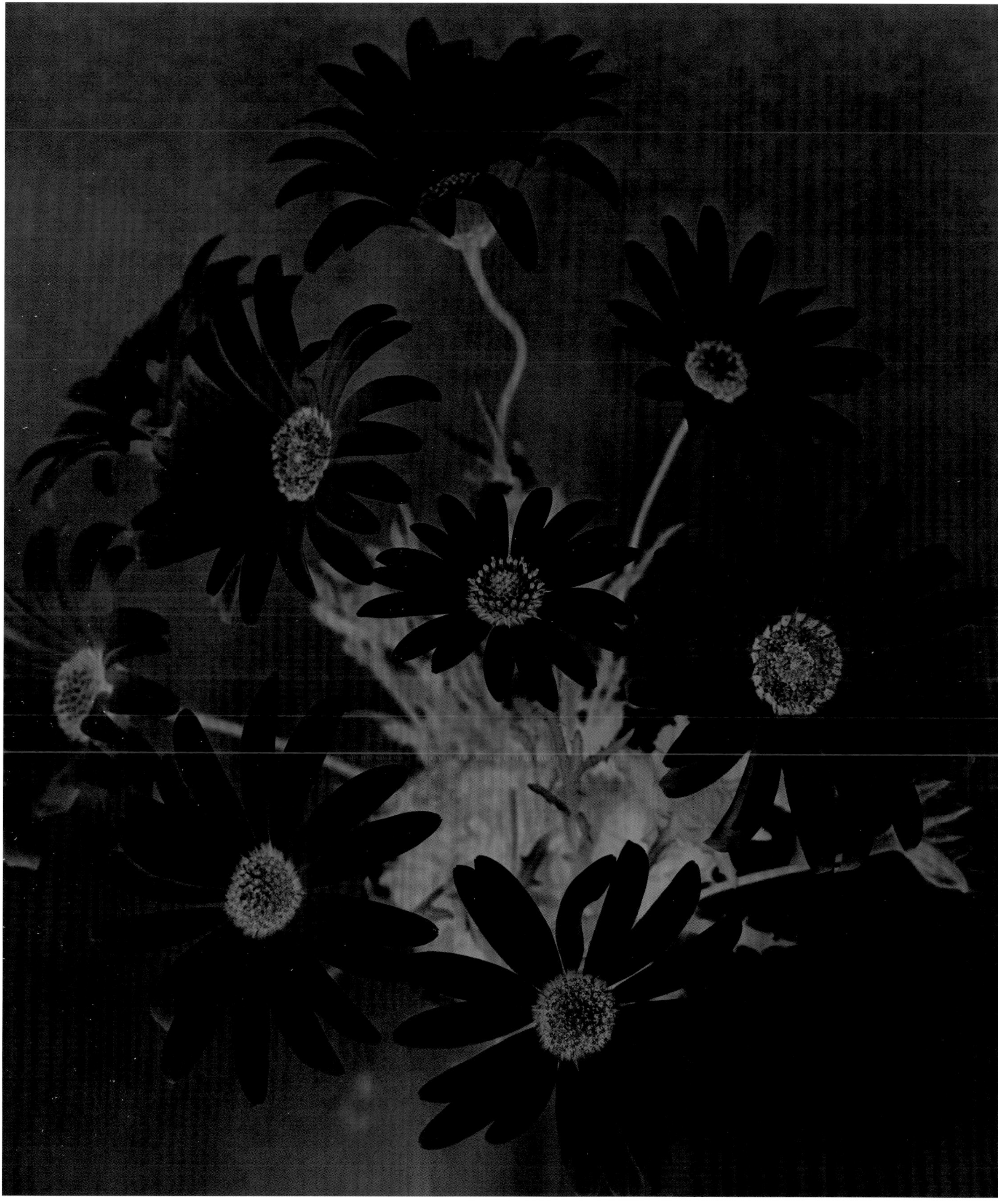

FORMATION #18 142 x 122 cm

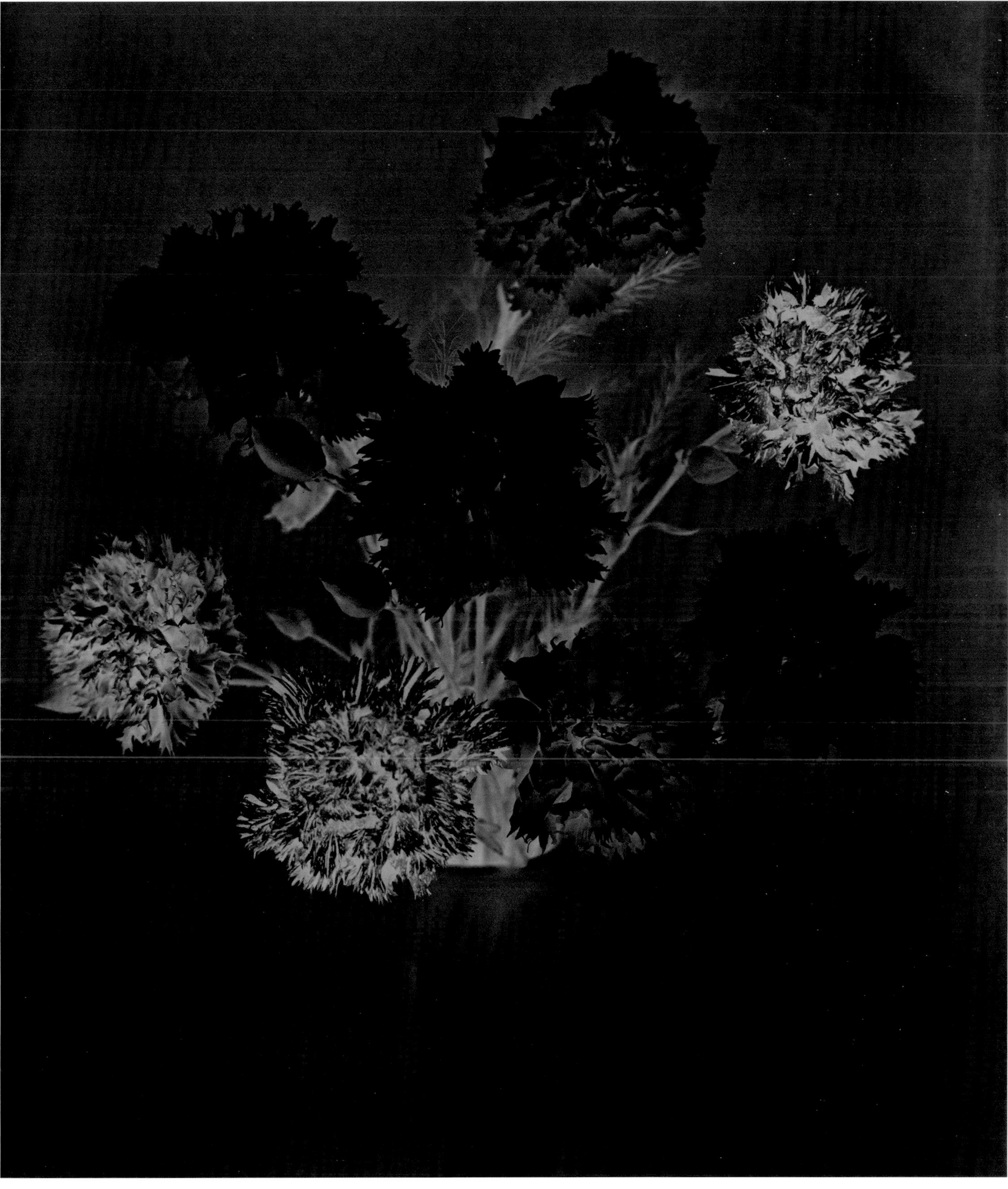

FORMATION #19 94 x 80 cm

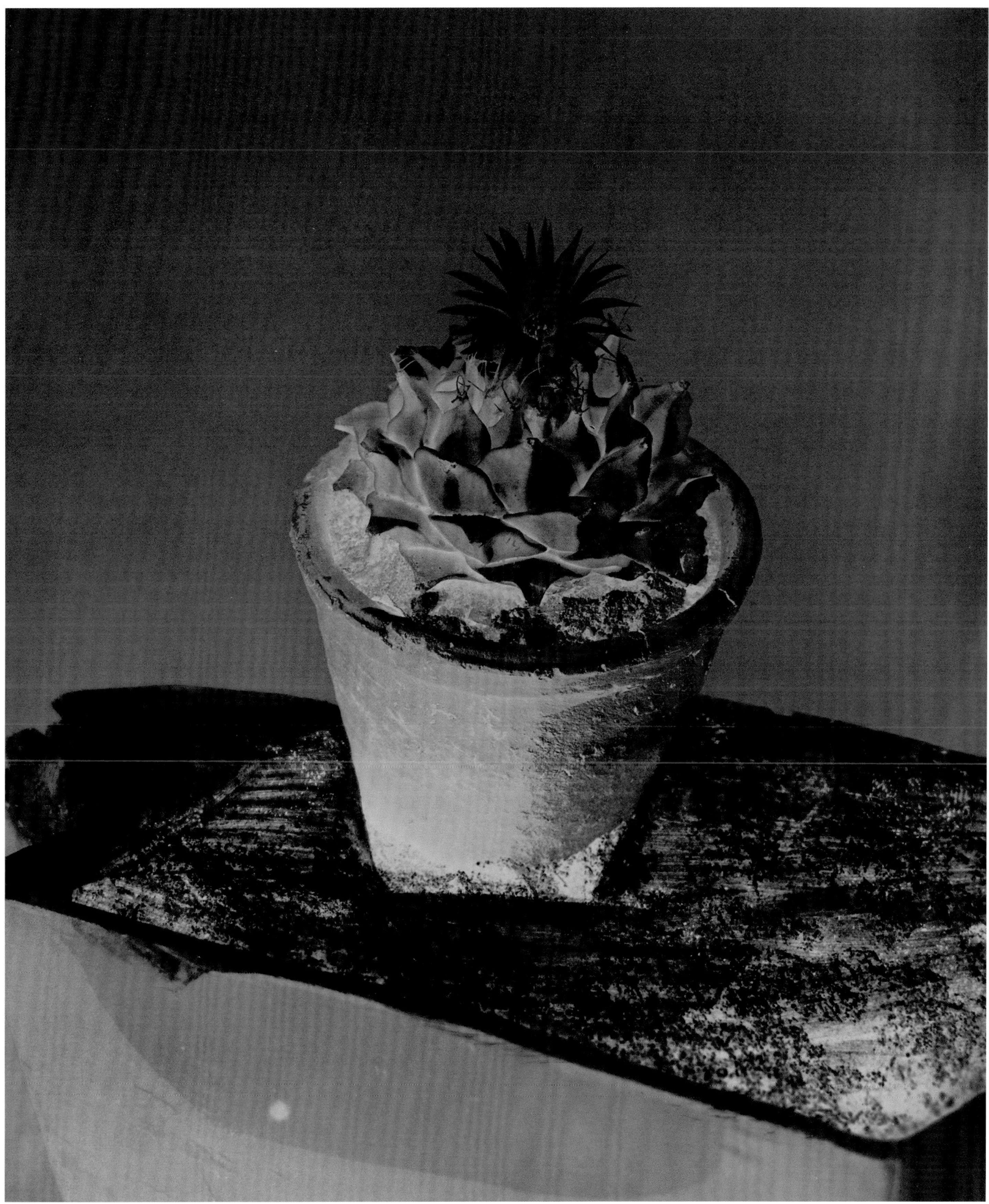

FORMATION #20 94 x 80 cm

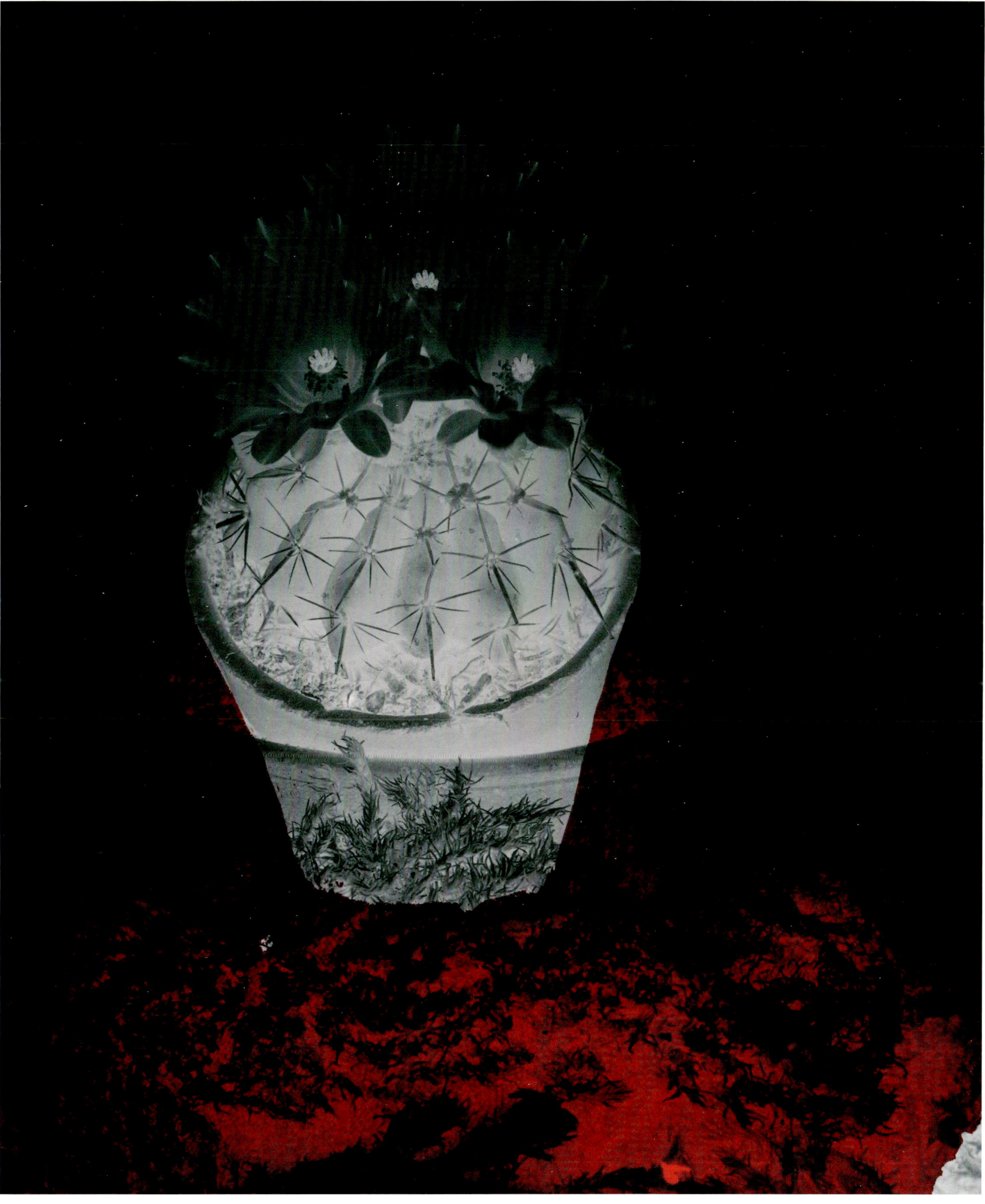

FORMATION #21 94 x 80 cm

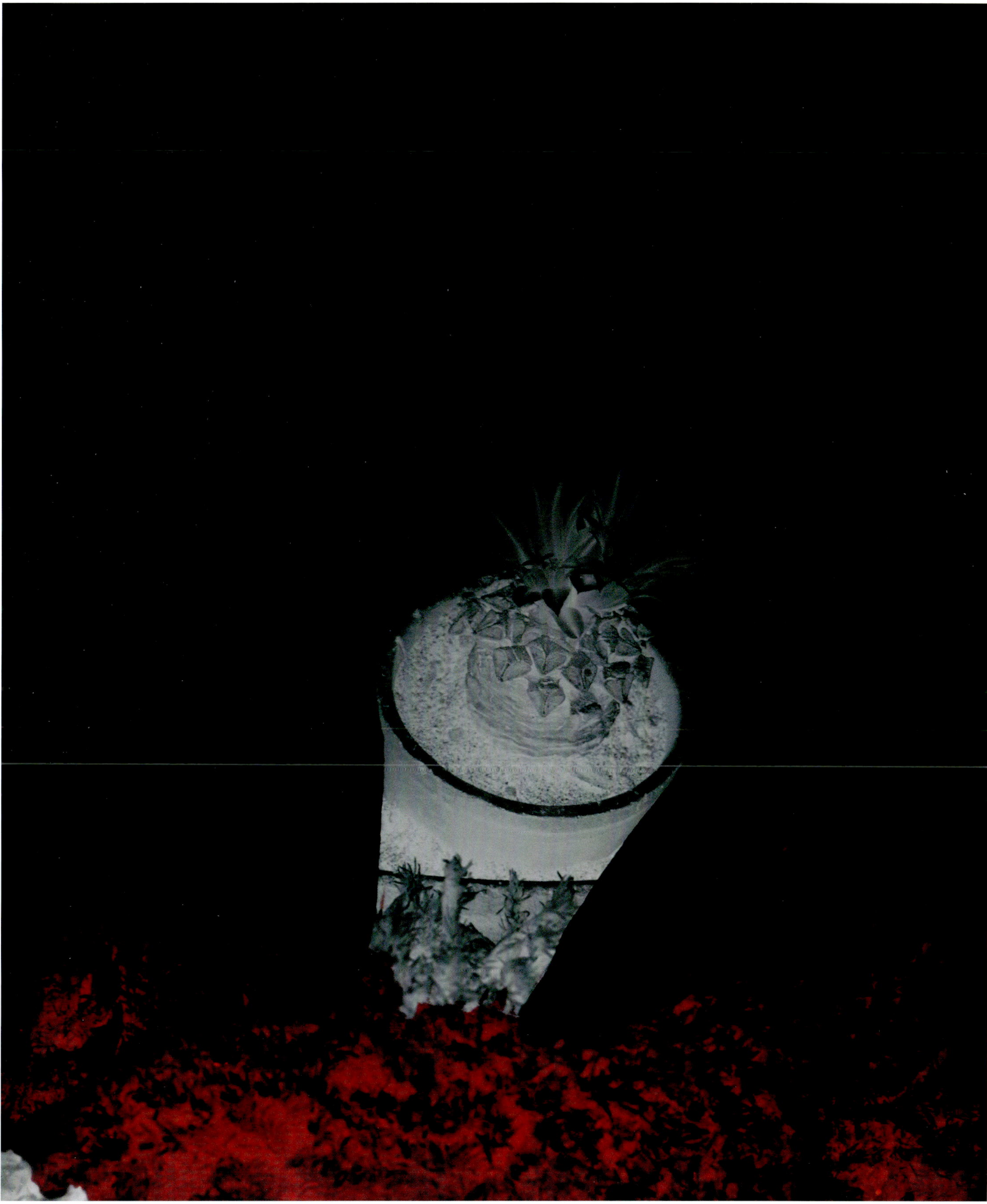

FORMATION #22 94 x 124 cm

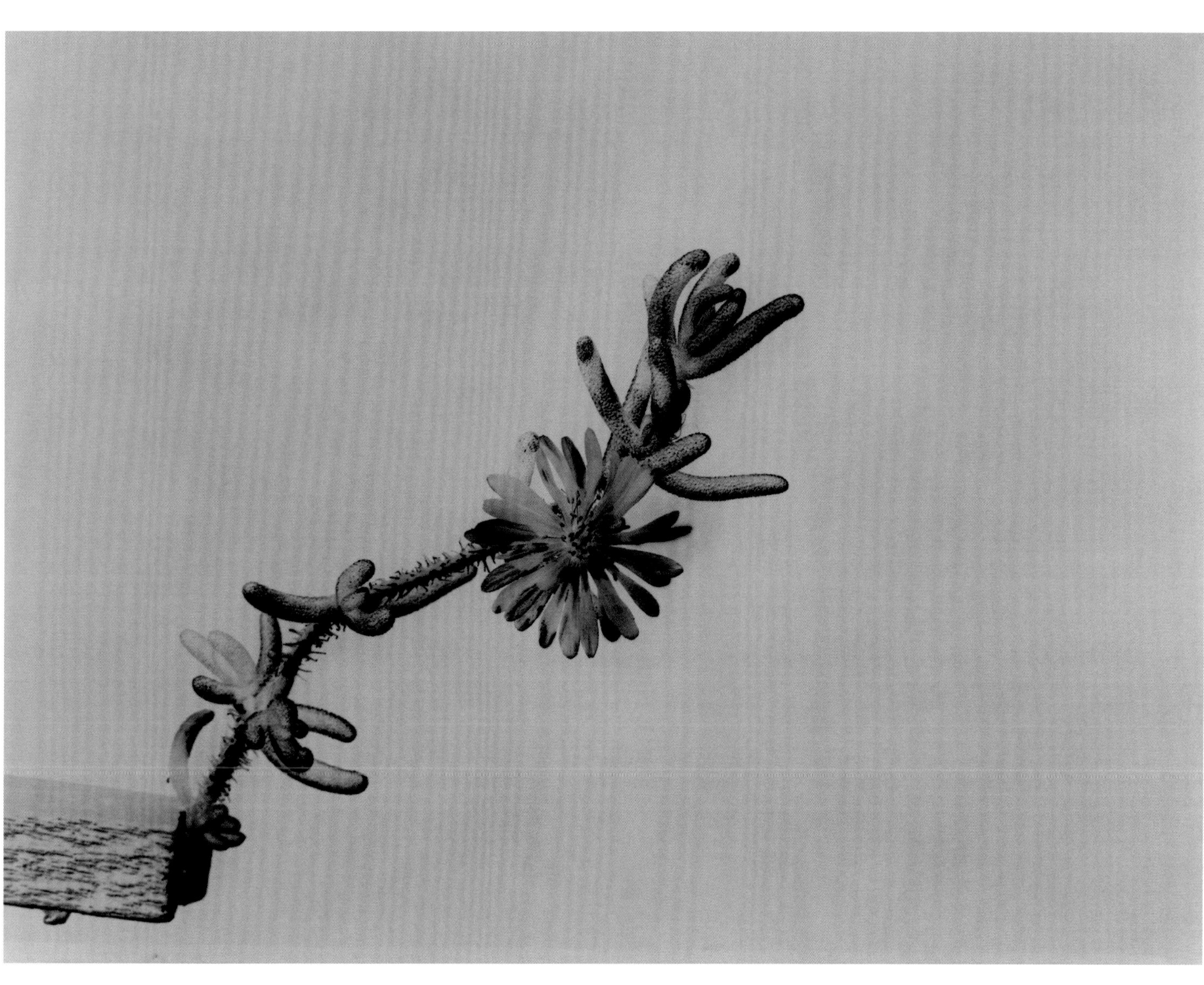

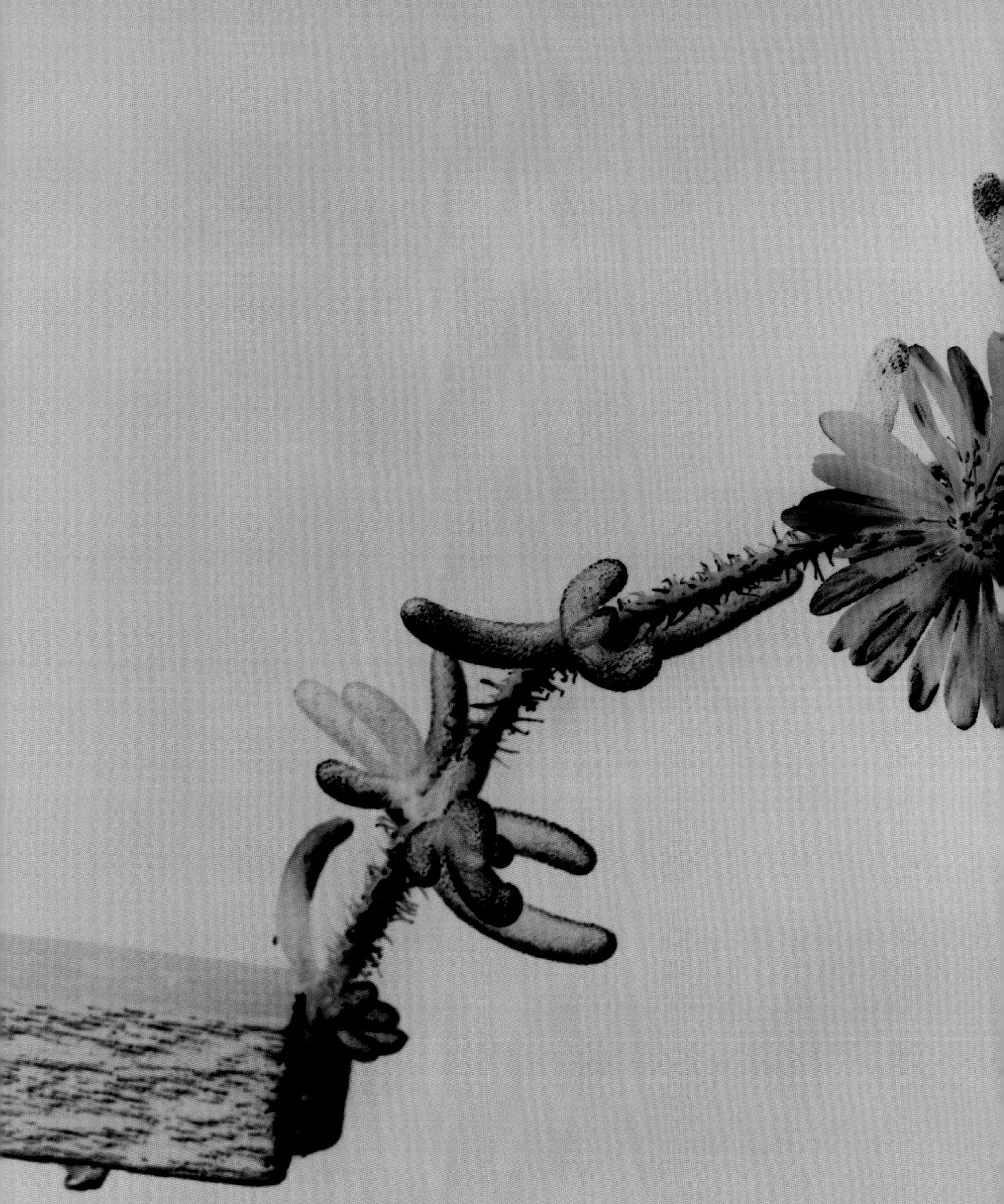

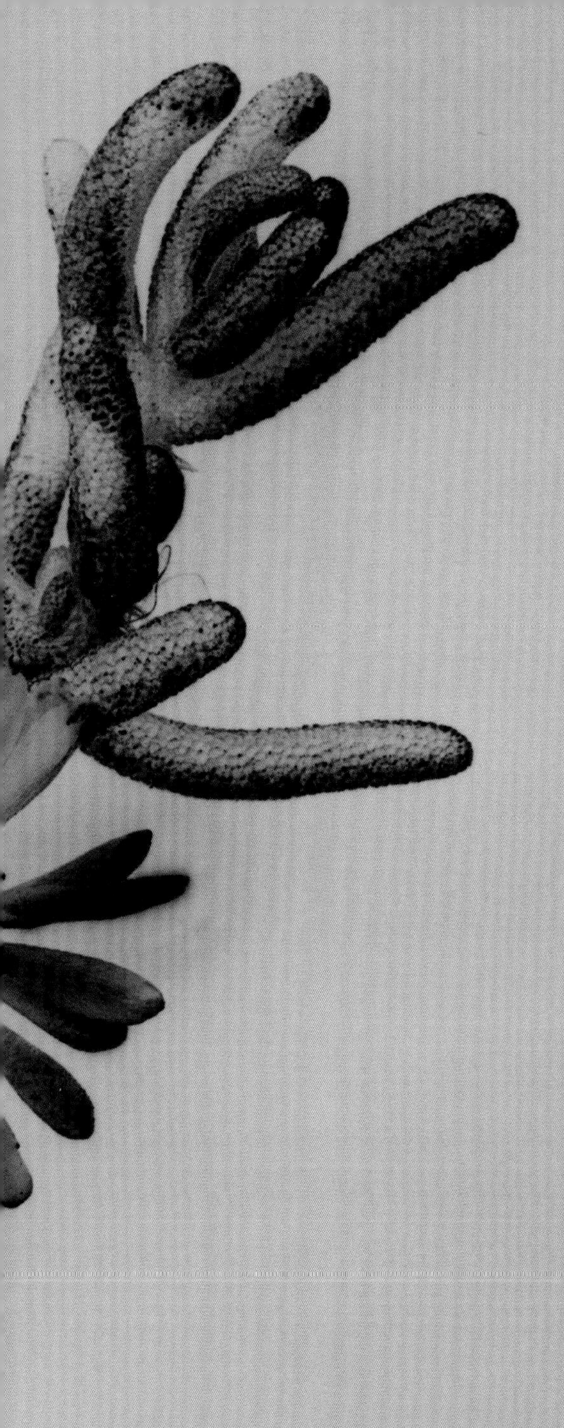

FORMATION #23 106 x 141 cm

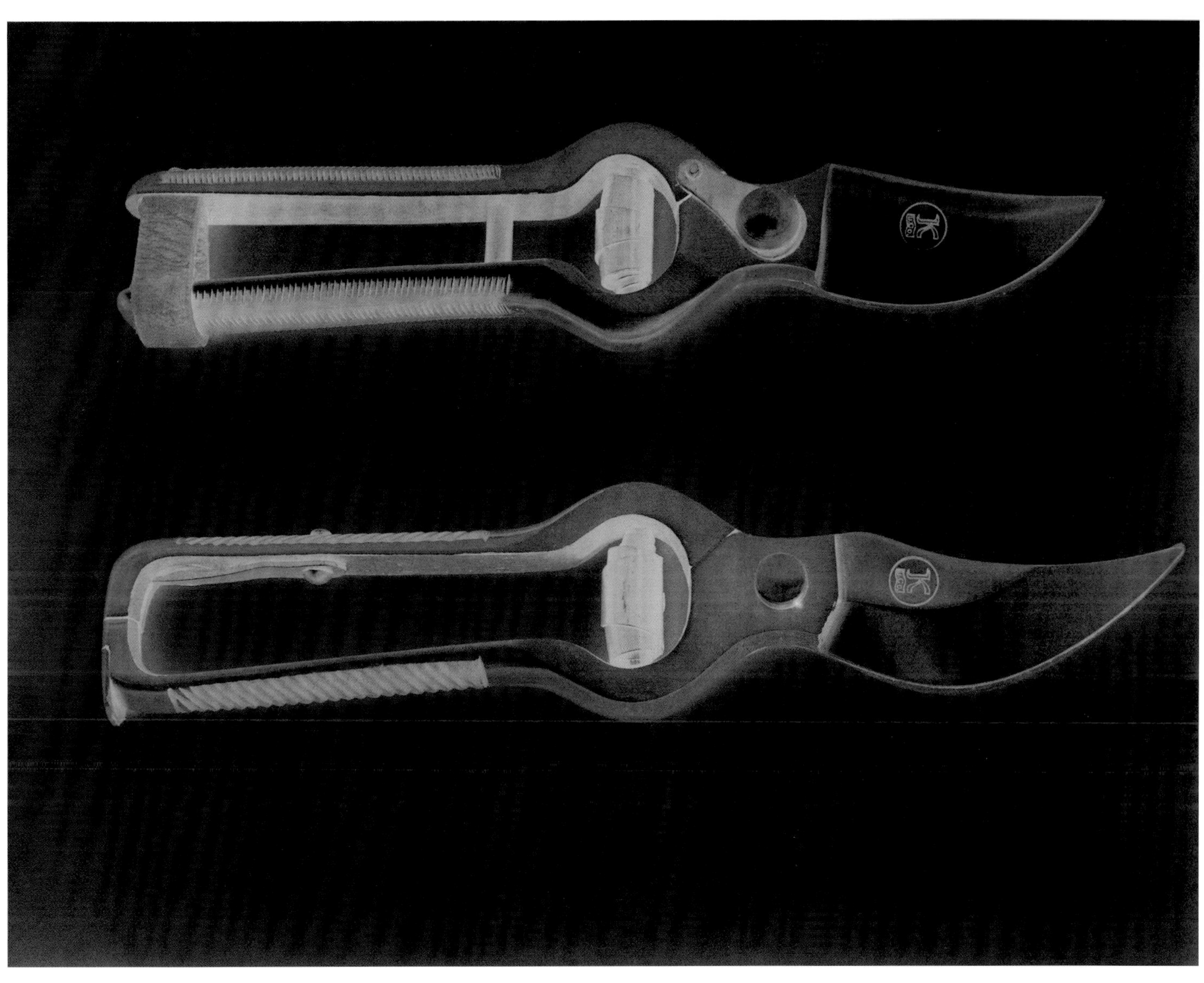

FORMATION #24 106 x 141 cm

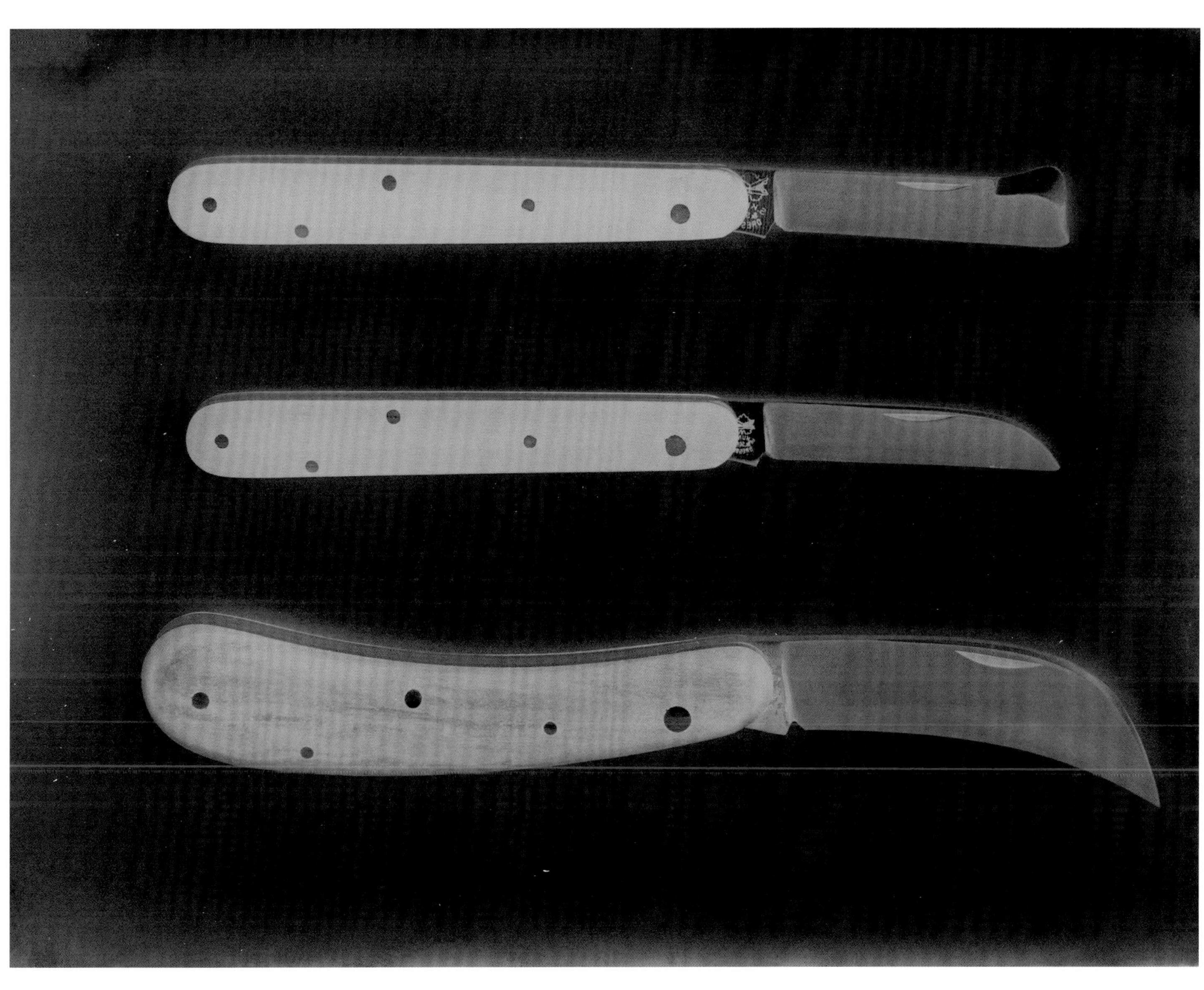

FORMATION #25 106 x 143 cm

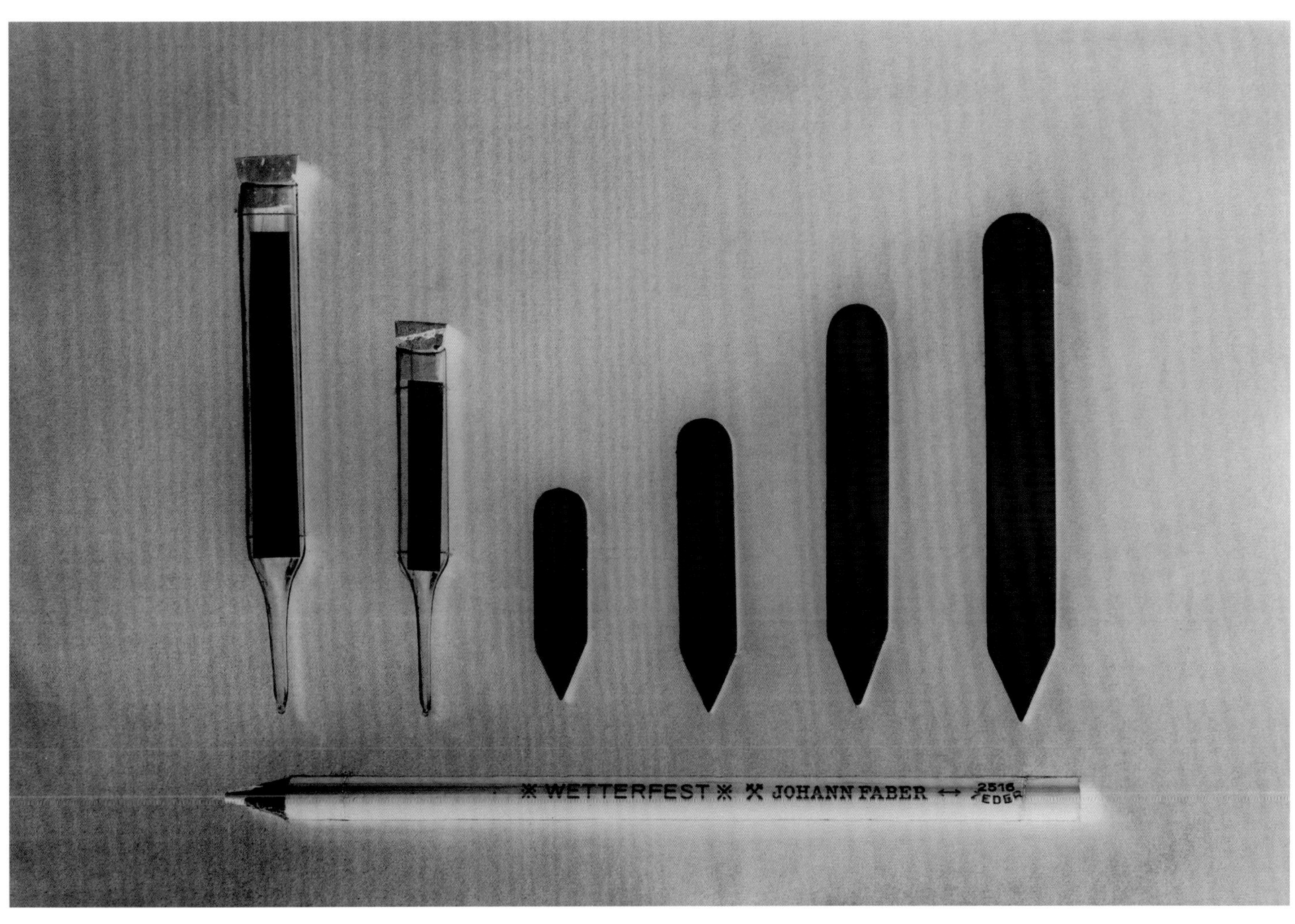

WETTERFEST JOHANN FABER 2516 EDER

FORMATION #26 142 x 180 cm

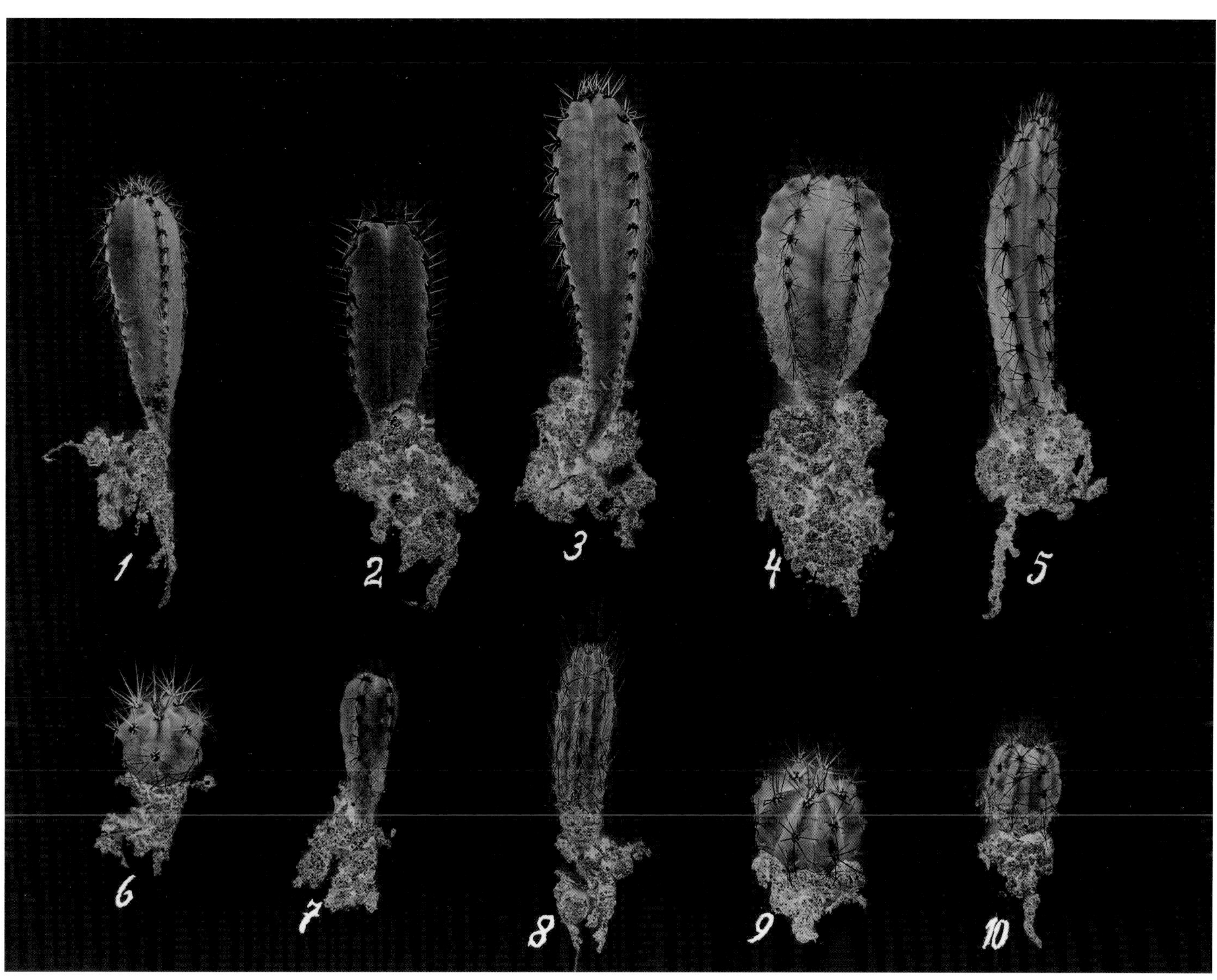

1
2
3
4
5
6
7
8
9
10

FORMATION #27 124 x 145 cm

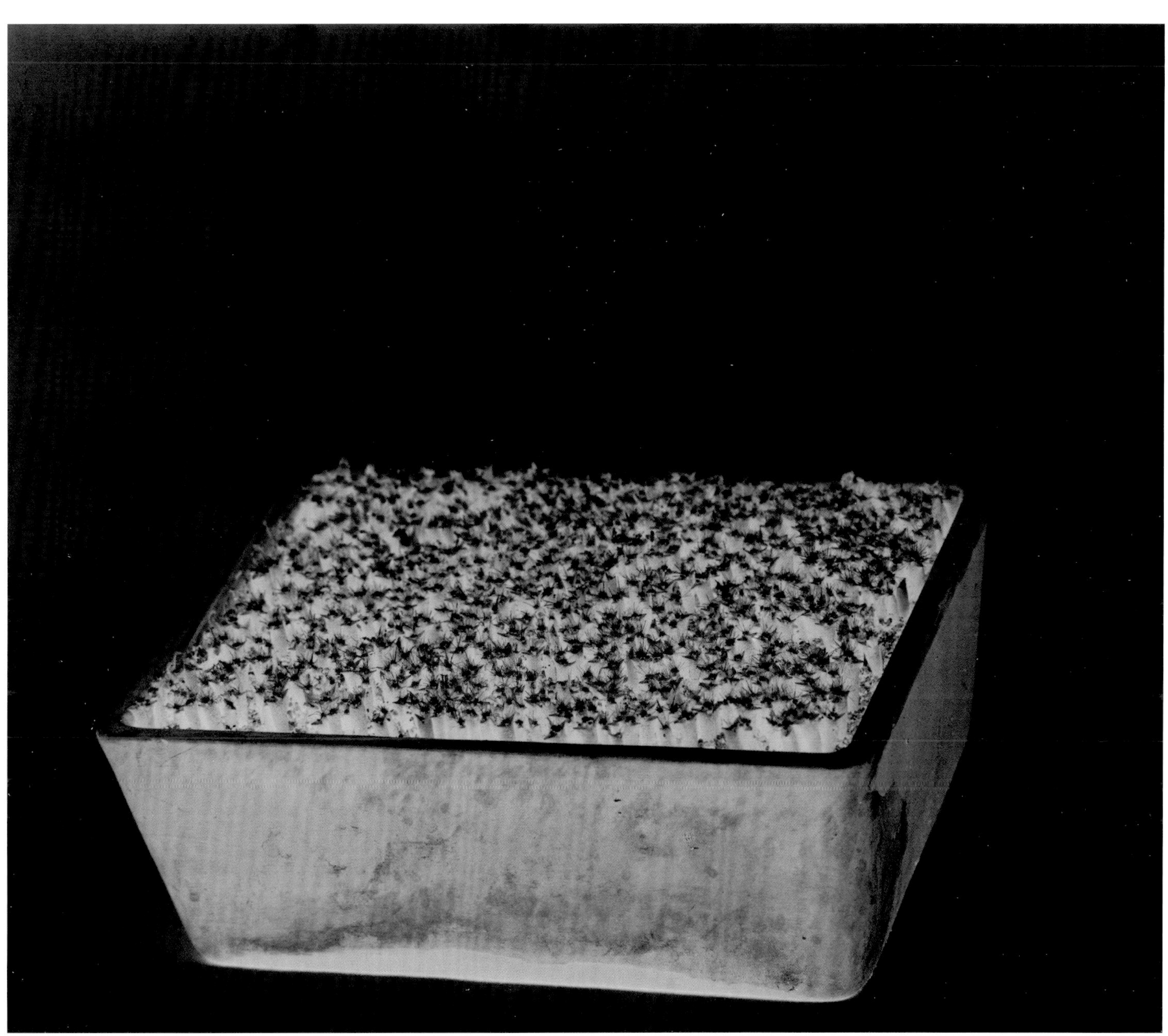

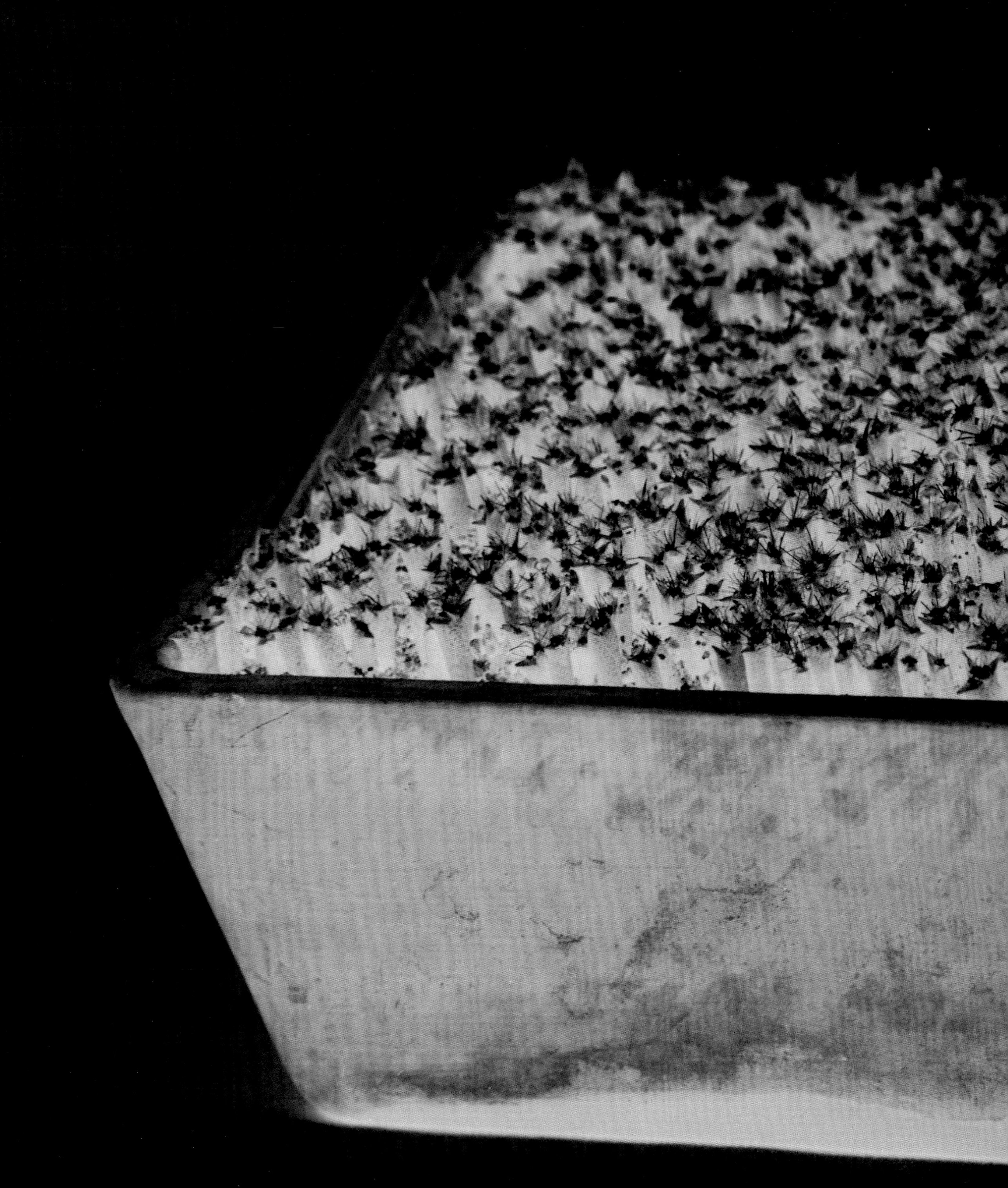

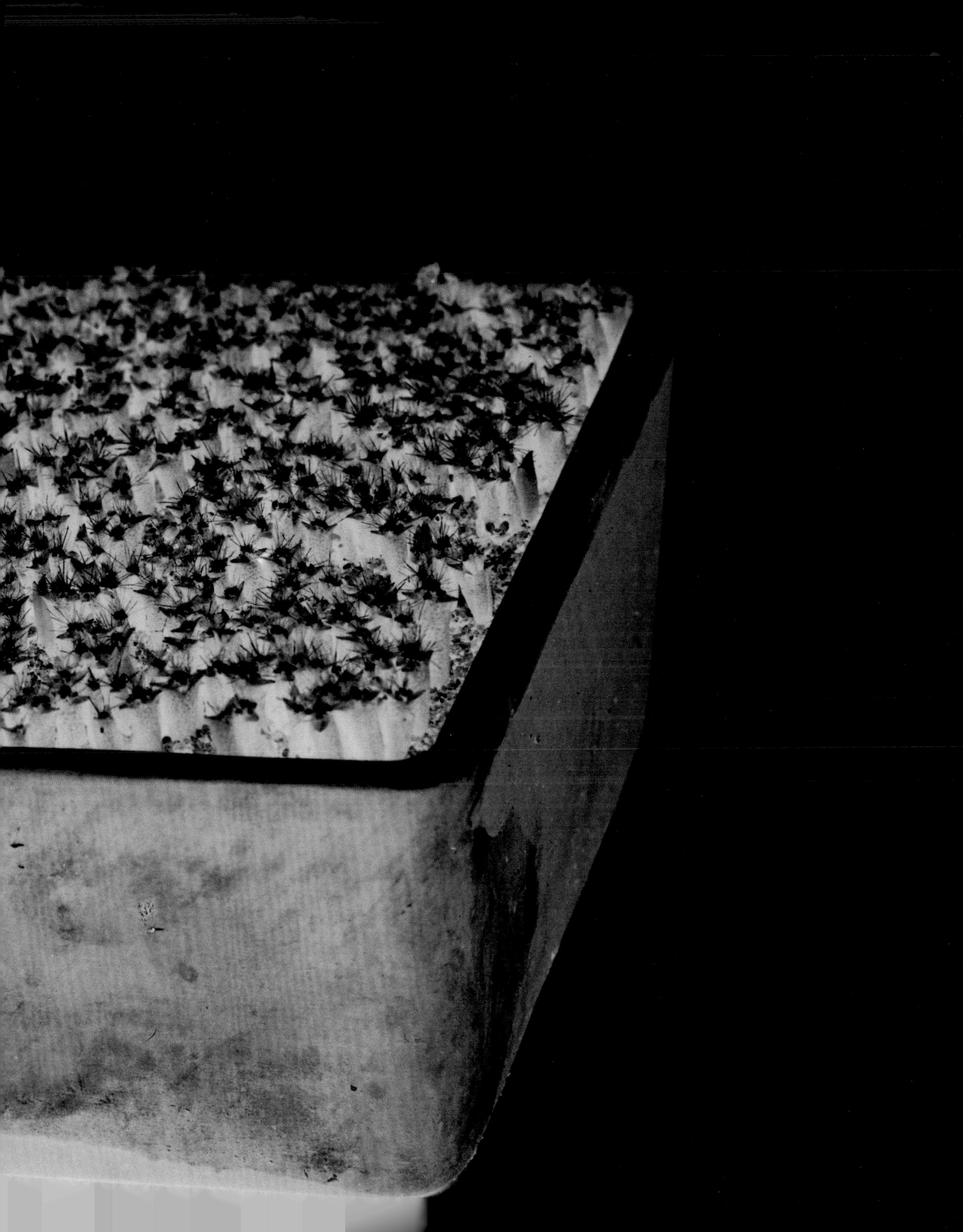

FORMATION #28 33 x 45 cm

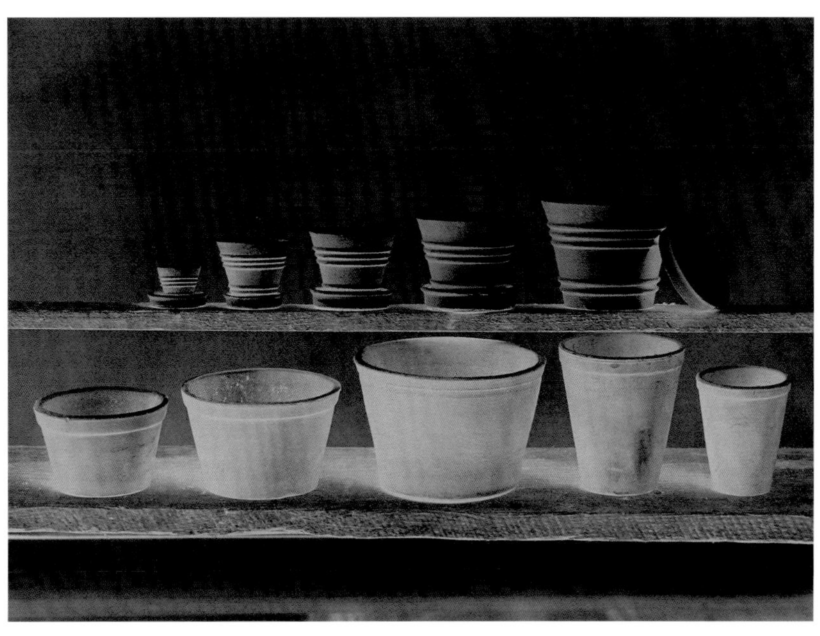

FORMATION #29 172 x 201 cm

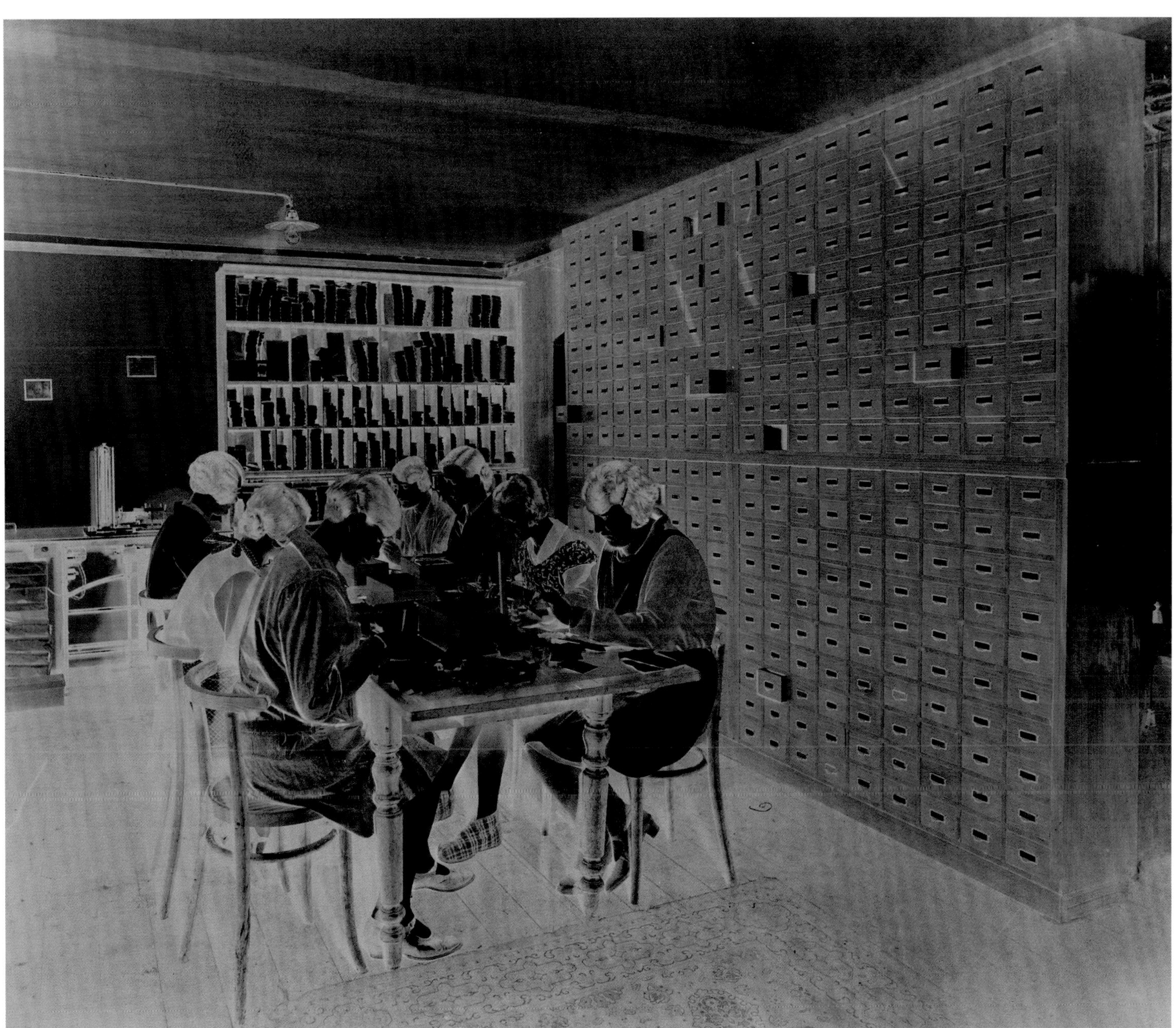

FORMATION #30 42 x 58 cm

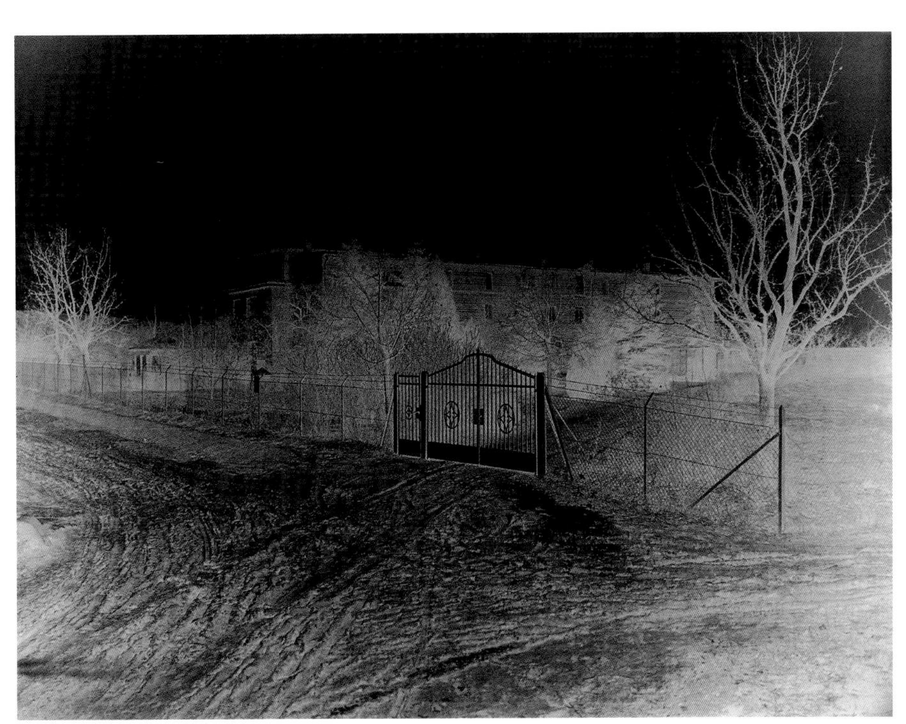

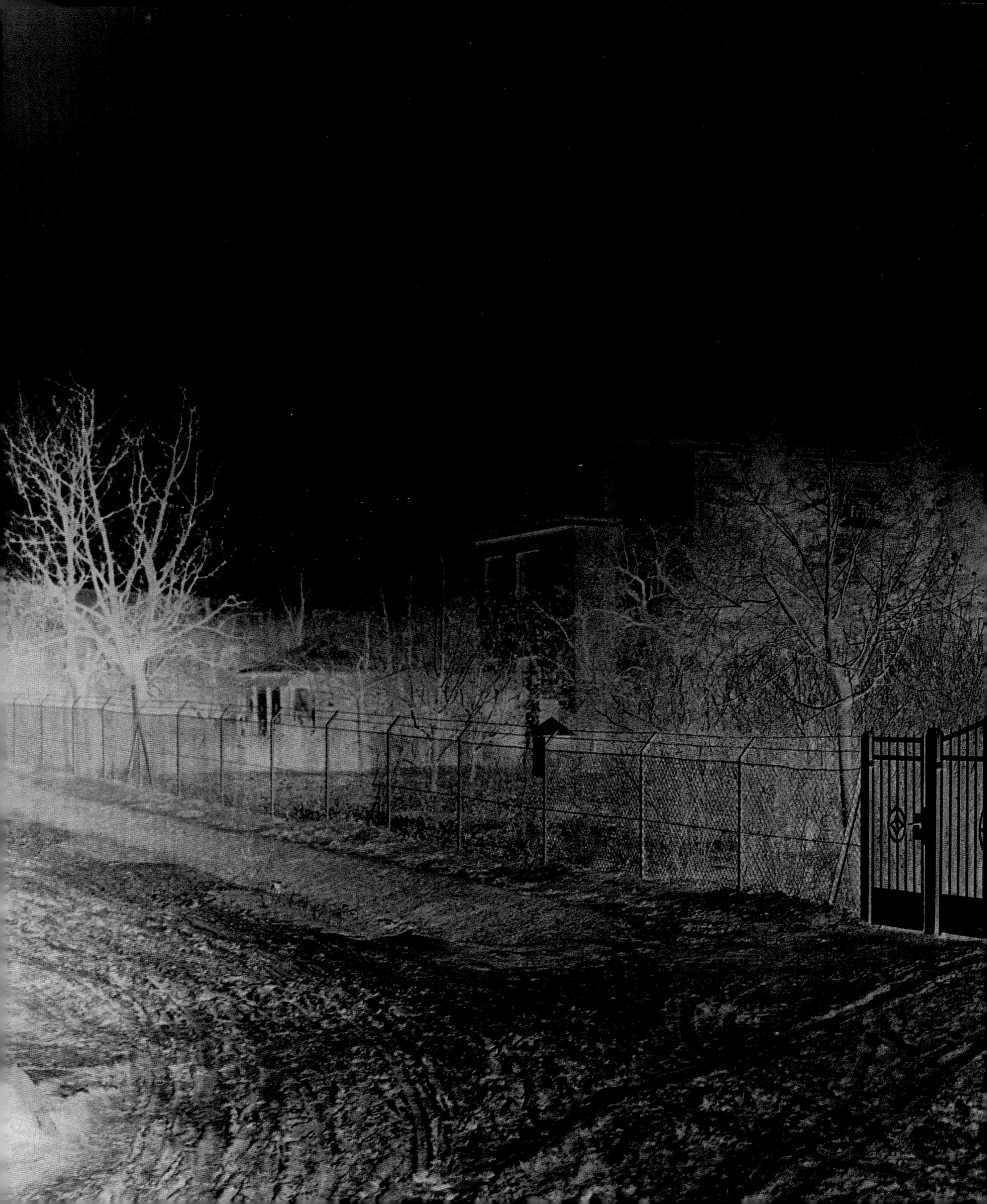

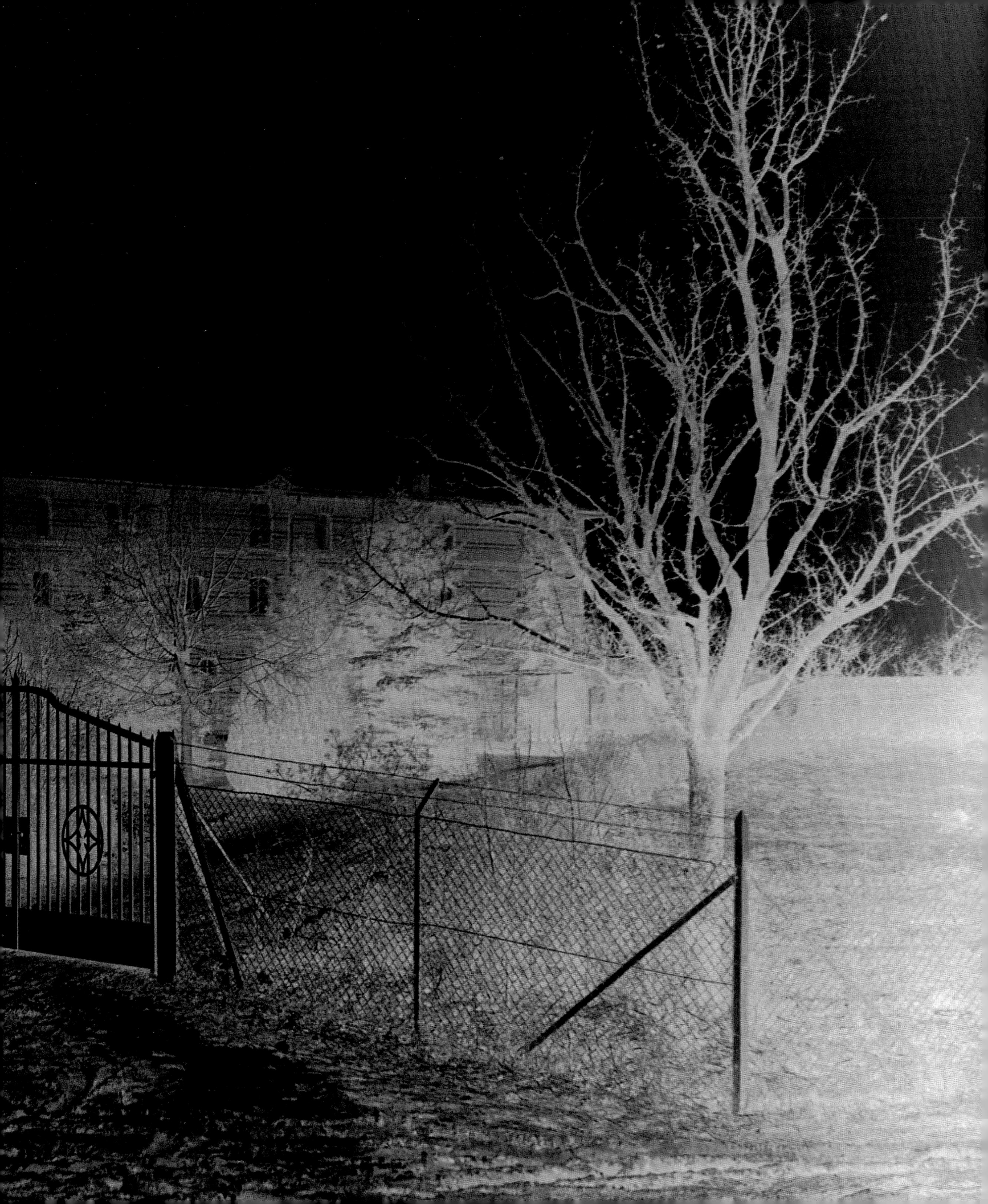

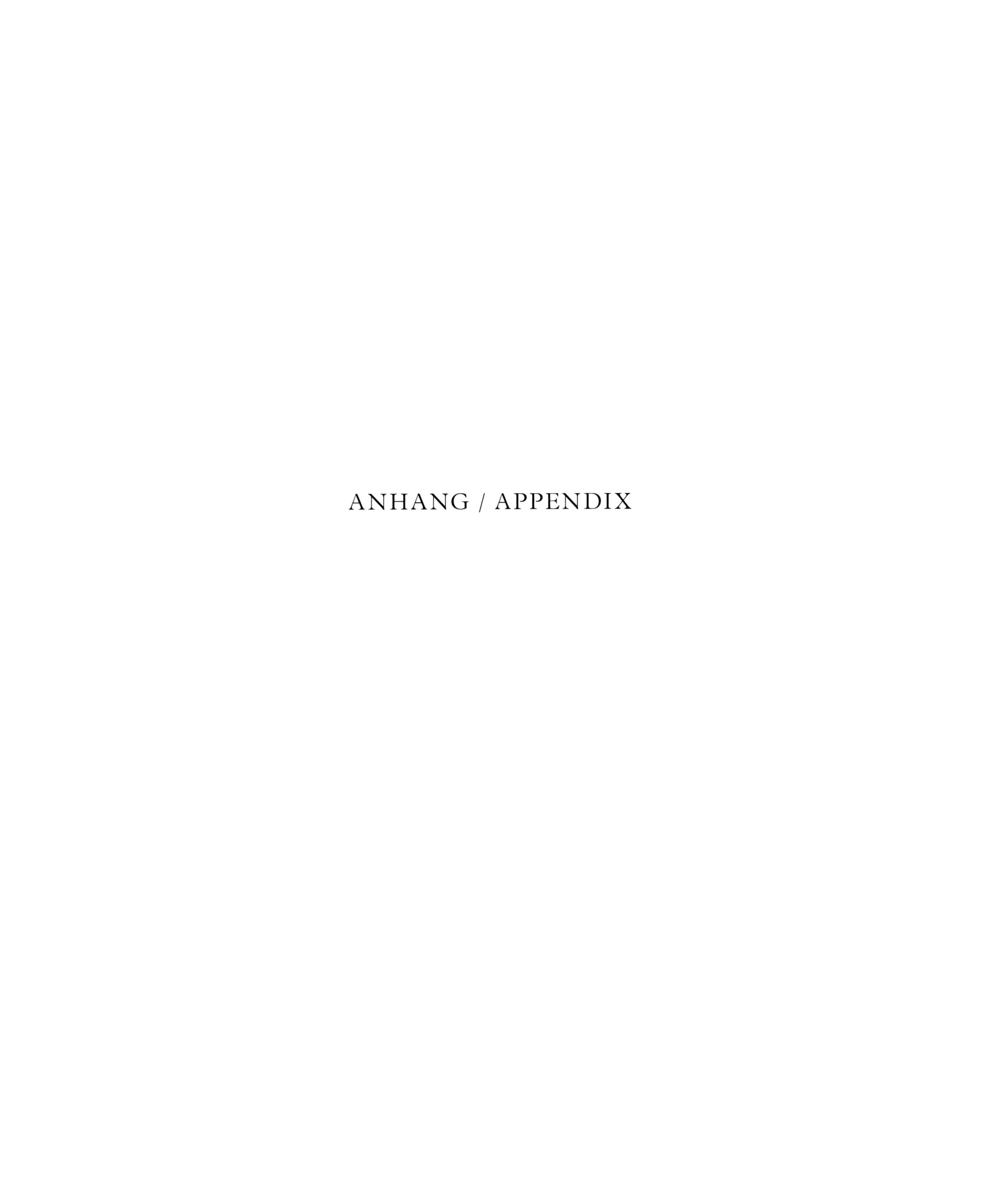

ANHANG / APPENDIX

ERIK NIEDLING

* 1973 in Erfurt
Lebt und arbeitet in Berlin / Lives and works in Berlin

EINZELAUSSTELLUNGEN (AUSWAHL) / SOLO EXHIBITIONS (SELECTED)

2009   *Archiv*, Lippische Gesellschaft für Kunst, Detmold
2008   *Formation*, Hamish Morrison Galerie, Berlin
       Formation, Galerie Rothamel, Frankfurt am Main
2007   *Status*, Archiv Massiv, Spinnerei Leipzig
2006   *Status*, Galerie Rothamel, Frankfurt am Main
2005   *Forst*, Galerie Photonet, Wiesbaden
       Archiv, Goethe-Institut, Bratislava
2004   *Forst*, Galerie Rothamel, Erfurt
2001   *Produkt verschiedener Faktoren*, Galerie Rothamel, Erfurt

AUSSTELLUNGSBETEILIGUNGEN (AUSWAHL) / GROUP EXHIBITIONS (SELECTED)

2007   *Trum*, ZERN, Berlin
       Überblick – Konstruktionen der Wahrheit, Darmstädter Tage der Fotografie
2006   *Was ist deutsch?*, Germanisches Nationalmuseum, Nürnberg
2005   *Nature of Skin*, 3. Triennale der Photographie, Kunsthaus Hamburg
       Zeitmaschinen, Galerie Rothamel, Frankfurt am Main
2004   *Extrem*, Mousonturm, Frankfurt am Main
2003   *Bodies Building*, Galerie Rothamel, Erfurt
2002   *5x5*, Neue Sächsische Galerie, Chemnitz

PUBLIKATIONEN / PUBLICATIONS

Status, EIKON Sonderdruck #11, ÖIP – Österreichisches Institut für Photographie & Medienkunst (Hrsg. / ed.), Wien / Vienna 2007
Erik Niedling – Fotografien / Photographs, Wolfgang Morath-Vogel (Hrsg. / ed.), Schaden.com, Köln / Cologne 2006
Forst, EIKON 48/49, ÖIP – Österreichisches Institut für Photographie & Medienkunst (Hrsg. / ed.), Wien / Vienna 2005
Blick, Galerie Rothamel (Hrsg. / ed.), Erfurt 2003
Produkt verschiedener Faktoren, Galerie Rothamel (Hrsg. / ed.), Erfurt 2001

Herausgeber / Editor: ZERN, BERLIN

Redaktion / Editorial: Daniel Windheuser

Verlagslektorat / Copyediting: Pia Töpfer (Deutsch / German), Eugenia Bell (Englisch / English)

Übersetzungen / Translations: Peggy Jo Behling & Amy Patton

Grafische Gestaltung und Satz / Graphic design and typesetting: Benjamin J. Osborn

Herstellung / Production: Stefanie Langner

Schrift / Typeface: Plantin

Reproduktionen / Reproductions: Lösch MedienManufaktur, Waiblingen

Druck / Printing: Dr. Cantz'sche Druckerei, Ostfildern

Papier / Paper: Galaxi Supermat 170 g/m^2

Buchbinderei / Binding: Verlagsbuchbinderei Dieringer, Gerlingen

Erschienen im / Published by

Hatje Cantz Verlag

Zeppelinstr. 32

73760 Ostfildern

Deutschland / Germany

Tel. +49 711 4405-200

Fax +49 711 4405-220

www.hatjecantz.com

Hatje Cantz books are available internationally at selected bookstores. For more information about our distribution partners, please visit our homepage at www.hatjecantz.com.

ISBN 978-3-7757-2269-8

Printed in Germany

Umschlagabbildung / Cover illustration: Erik Niedling, Formation #29

Es erscheint eine Collector's Edition mit einer Originalarbeit des Künstlers in einer Auflage von 20+5 e. a.: Formation #E01, 2007. Nähere Informationen erhalten Sie beim Verlag. / A special Collector's Edition of this book is available with an original work by the artist in an edition of 20+5 a.p.: Formation #E01, 2007. Please contact Hatje Cantz for further information.

Galerie / Gallery:

Hamish Morrison Galerie

Heidestr. 46–52

10557 Berlin

Deutschland / Germany

www.hamishmorrison.com

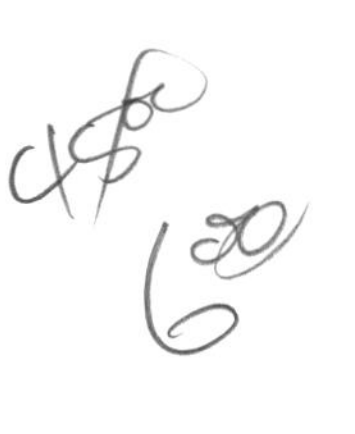

Der Dank des Künstlers geht an / The artist would like to thank

Kitty & Rosa

Axel Anklam, Maik Bluhm, Jana C. Ebert, René Eisfeld, Andreas Gefeller, Ulrich Haage, Markus Hartmann, Marc Holtmann †, Katrin & Heiko Holzberger, Susanne Lathe, Boris Lochthofen, Sebastian Lück, Dagmar Miethke, Hamish Morrison, Gerd Niedling †, Lutz & Inka Niedling, Ingo Niermann, Ute Noll, Benjamin J. Osborn, Johanna Pahnke, Sebastian Papenbreer, Jörk Rothamel, Christoph Schaden, Markus Schaden, Elisabeth Schulze, Thomas Schulze, Bernd Stiegler, Jens Thiel, Daniel Windheuser, Alexander Wolf